»Soboczynski führt vor, dass Verstellungskunst, ob wir wollen oder nicht, unser Leben begleitet und dass sie sich oftmals gerade mit dem Ausdruck der Authentizität tarnt.«
Ursula März, dlf kultur

»An diesem Buch bleibt keines der gewohnten Etiketten haften; es ist ein philosophierender Ratgeber-Erzählungsband, ein kleines, leichtes Kunstwerk.«
René Aguigah, Literaturen

Adam Soboczynski, geboren 1975 im polnischen Toruń, lebt in Berlin und Hamburg und leitet das Resort Literatur im Feuilleton der *ZEIT*. Er schrieb mehrere erzählerische Sachbücher, seine Werke wurden ins Spanische, Französische, Polnische, Italienische und Niederländische übersetzt. 2023 erschien das Sachbuch »Traumland« bei Klett-Cotta.

Adam Soboczynski

Die schonende Abwehr verliebter Frauen

oder Die Kunst der Verstellung

KLETT-COTTA

Der vorliegende Titel ist erstmals 2008 im Gustav Kiepenheuer Verlag erschienen.

Klett-Cotta

www.klett-cotta.de

© 2023 by J. G. Cotta'sche Buchhandlung Nachfolger GmbH, gegr. 1659, Stuttgart

Alle Rechte vorbehalten

© Adam Soboczynski 2023. Dieses Werk wurde vermittelt durch die Literarische Agentur Michael Gaeb

Cover: Rothfos & Gabler, Hamburg

unter Verwendung einer Abbildung von © mauritius images / Maskot, shutterstock

Gesetzt von C.H.Beck.Media.Solutions, Nördlingen

Gedruckt und gebunden von CPI – Clausen & Bosse, Leck

ISBN 978-3-608-98659-4

E-Book ISBN 978-3-608-12240-4

Bibliografische Information der Deutschen Nationalbibliothek

Die Deutsche Nationalbibliothek verzeichnet diese Publikation in der Deutschen Nationalbibliografie; detaillierte bibliografische Daten sind im Internet über http://dnb.d-nb.de abrufbar.

Vorrede

Dieses Buch, geschätzte Leserin, geschätzter Leser, enthält dreiunddreißig Geschichten, die darum kreisen, wie sich in einer Welt geschickt zu verhalten sei, in der Fallen lauern und in der Intrigen walten. Die Kunst der Verstellung, die eine jahrhundertealte Tradition hat, erlebt eine Wiederkehr.

Die Geschichten sind so oder zumindest so ähnlich tatsächlich passiert, und lediglich die Namen der Personen, keineswegs ihre Eigenheiten, ihre Berufe oder gar die Orte der Handlung, wurden verändert.

»Und Kunst vollende, was die Natur begann.«
Baltasar Gracián

1 Die schonende Abwehr verliebter Frauen beherrschen

Ein unschönes Ereignis: Jemand ist in einen verliebt, umgekehrt ist man es aber nicht. Höflichkeit gebietet es, in diesem Fall schonend vorzugehen.

Nehmen wir an, Sie sind ein Mann. Sie lernen auf einer Party, der Geburtstag einer alten Bekannten wird gefeiert, gegen ein Uhr nachts eine Frau kennen. Sie sind liiert, das weiß die Frau aber nicht. Sie verraten auch nicht gleich, dass sie mit jemandem liiert sind, der an diesem Abend aufgrund einer kleinen Erkältung verhindert ist. Sie verschweigen diese Information aus zwei Gründen: Zum einen käme das einem Affront gleich. Sie würden mit einer kurzen Erwähnung Ihrer Lebensgefährtin auf grobe Weise zu verstehen geben, dass Sie erkannt haben, dass die Frau des Abends Interesse an Ihnen zeigt. Zum anderen verschweigen Sie Ihre Beziehung, da die Begegnung nicht frei von sich anbahnender nervöser Anspannung ist, was zu genießen, zumindest in den wenigen Stunden einer Feier, Sie reizt.

Sie sprechen über das Berufsleben, über den schwierigen Umgang mit Vorgesetzten, über vergangene und zu planende Urlaubsreisen (Rom, Finnland im Herbst!), darüber ob Kochen eine vergnügliche Tätigkeit ist oder eher nervt, und Sie gelangen mit der Frau des Abends nach dem dritten Glas Wein, der die Zungen vollends löst, in eine übermütig-launige Stimmung. Sie mustern die anderen Gäste und lästern. Es fallen abschätzige Bemerkungen über eine verzweifelt gut gelaunte Frau in reifen Jahren.

Lästern ist ein Gradmesser der Vertrautheit. Wer lästert, teilt unverhohlen seine niederen Gedanken mit und hofft auch noch, dass sie goutiert werden. An diesem Abend werden sie goutiert: Sie lachen gemeinsam. Es ist unversehens spät geworden, irgendwo fällt eine Bierflasche um, vier angeheiterte Frauen tanzen exaltiert zu einem kitschigen Schlager aus den Achtzigern. Sie stehen abseits des Treibens, in einer wenig frequentierten Nische, und fast wäre es zu einer unbedachten Berührung mit Ihrer Gesprächspartnerin gekommen, zur Andeutung eines Kusses. Unbedingt Zeit zu gehen! Sie verlassen nach dem vierten Glas Wein, das die Gefahr einer unkontrollierbaren Zusammenkunft in sich birgt, rasch das Fest, verabschieden sich, einen arbeitsreichen nächsten Morgen vorschützend, mit sachter Umarmung von ihrer neuen Bekanntschaft und vereinbaren noch, sich bald einmal auf einen Kaffee zu treffen.

Irgendetwas störte. Vielleicht das etwas zu laute Lachen? Oder die spitzen Schuhe, die auf aggressive Weise Unterschichtiges suggerierten? Es sind ja immer diese Winzigkeiten, die alles entscheiden in Liebesdingen. Vielleicht war es auch nur die schnöde Scheu vor Komplikationen, die mit Affären einhergehen, das Geständnis, das schließlich zu äußern Sie nicht hätten umgehen können: Sie seien zwar bereits vergeben, aber gegen eine lockere Liaison, herrje, ja, da hätten Sie nichts einzuwenden. Überhaupt: das Reden. Sie reden nicht gern vor einer Beziehung über dieselbige, womöglich lag es gar nicht an den Schuhen.

Zwei Tage später natürlich die SMS von ihr. »Kaffee? Heute? Oder morgen?« Bewusst gut gelaunt abgefasst. Was tun? Am besten nichts. Nicht reagieren. Wobei – sich gleich nach der Feier gar nicht mehr zu melden geht natürlich nicht. Besser: erst einmal Zeit gewinnen. Sie schreiben also: »Gerne, aber im Moment wahnsinnig viel Stress, melde mich nächste Woche. Liebe Grüße!«

Sie melden sich nach einer Woche keineswegs. Eine durchaus nachahmenswürdige Weise, den Kontakt abzubrechen. Die Verschmähte hat nun, Sie betreffend, eine schlechte Meinung. Das ist auch Ihre Absicht gewesen. Denn wer schonend Verliebte abwehren möchte, muss früh den Eindruck erwecken, er sei ein unzuverlässiger, vor allem aber ein durch und durch schwieriger Mensch. Kein bösartiger natürlich – wer weiß, ob die Verliebte Ihnen einmal wiederbegegnet? Oder durch üble Nachrede ihren Ruf zu schädigen sucht?

Niemals darf die schonende Abwehr verliebter Frauen dem Abwehrer schaden. Es gilt vielmehr, die Verliebten kunstvoll im Glauben zu lassen, sie selbst hätten das Interesse an einem verloren. Verliebte

Frauen zu schonen bedeutet, in ihnen die Selbstlüge zu entfalten.

Besonders ärgerlich aber ist der Fall, wenn man aufgrund eines wortkargen Rückzugs als schillerndes Mysterium gilt. Wenn sich Frauen aufgrund des vermeintlich komplizierten Charakters angezogen fühlen, ihn gar heilen wollen, und deshalb eine zweite, ja, eine dritte nicht minder gut gelaunte SMS schreiben. Hier hilft nur beharrliches Schweigen.

Nun sind die meisten Menschen natürlich längst nicht so umsichtig wie Sie auf jener Party. Die meisten versuchen nach dem vierten Glas Wein alles daran zu setzen, sich dem alten Spiel der Körper zu ergeben. Im Hintergrund eines Schlafzimmers läuft dann allerspätestens wenige Tage nach der ersten Begegnung leise Musik. Und am Morgen danach sitzt man dann am Küchentisch, blickt aus dem Fenster, rührt in der Tasse, täuscht prächtige Laune vor. Und ahnt, dass man nach einer glühenden Liebesnacht nunmehr auch in Zukunft gefälligst Objekt des Begehrens sein soll. Hilfreich ist in diesem Fall die häufig geäußerte Behauptung, man sei noch nicht soweit, die letzte Beziehung sei so quälend und traumatisch gewesen, man habe sie einfach noch nicht überwunden, sich noch nicht gefangen, die noch unvernarbten Wunden der Seele verhinderten die neue, an sich ganz wunderbare, knospende Liebe! Dann sollte man traurig blicken und mit den Schultern zucken. Auch eine Spur von Verwirrtheit darf angedeutet werden. Das schreckt zumindest einige Verliebte ab. Andere nicht.

Es gibt die zäh Verliebten. Die zäh Verliebten fragen nach den wahren Gründen des Nicht-verliebt-Seins, die zäh Verliebten ahnen, dass man lügt, die Unglücklichen. Doch was, wenn es das Äußere wäre, das nicht ganz dem Geschmack entspräche? Undenkbar, man antwortet, es liege am zu hohen Alter, an zu vielen Pfunden, an der unreinen Haut der Verliebten. Man sollte in solchen Fällen, mit allen Anzeichen der Ratlosigkeit, immer ausweichend antworten, sollte sagen, das so vieles, die Liebe betreffend, sich schlecht in Worte fassen lässt. Was, bei Lichte betrachtet, eigentlich gar nicht stimmt, aber eine Aussage ist, die allgemein anerkannte Plausibilität genießt.

Nur Barbaren, Diktatoren und Scheichen kann die schonende Abwehr verliebter Frauen gleichgültig sein. Alle anderen mögen bitte sorgsam beachten, dass die Liebe, die nicht erwidert wird, nur dann milde abebbt, wenn die Verliebte sich vom ersten Eindruck, den sie sich vom Geliebten gemacht hat, fälschlicherweise getäuscht glaubt.

2 Leidenschaften verbergen

Unkontrollierte Gefühlsausbrüche, ob freudige oder zornige, sind fast immer zu vermeiden. Sie offenbaren den Gegnern unsere Absichten und Leidenschaften. Das überhitzte Gemüt neigt zu Fehlern, der kühle Gedanke macht die Klugheit aus.

Verärgert ist häufig zu Recht, wer eine unverschämte E-Mail erhält. Der Reiz, sogleich noch unverschämter zurückzuschreiben, ist enorm. In diesem Fall sollte man sich erst einmal beruhigen, statt ungehalten in die Tasten zu hauen.

Dreiste Mails sind häufig als berechtigte Forderungen getarnt: »Sehr geehrter Herr Walter, wie versprochen, hier nun die Spesenabrechnung für meine Rom-Reise. Über eine rasche Überweisung würde ich mich sehr freuen. Die Belege werde ich in Kürze nachreichen. Sehr herzlich, Ihr Hans Strass.«

Herr Walter, ein Angestellter bei einer renommierten Immobilienmaklerei, hatte Herrn Strass, einen freien Mitarbeiter, nach Rom beordert, um dort zwei Wohnungen zu verkaufen. Herr Walter war eindringlich von seinem Chef gebeten worden, da sich die Firma in einer leicht angespannten wirtschaftlichen Lage befand, für eine kostengünstige Reise zu sorgen. Deshalb hatte er mit Herrn Strass vereinbart, dieser solle einen dreitägigen Aufenthalt mit Übernachtungen in einem Zwei-Sterne-Hotel anvisieren.

Aber wie erschrak Herr Walter, als er den Mail-Anhang öffnete, der eine Auflistung der Spesen enthielt. Statt drei war Herr Strass sieben Tage in Rom gewesen und hatte im Grand Hotel Parco dei Principi, gegenüber den Villa-Borghese-Gärten, logiert. Herr Walter, eine Rüge seines Chefs fürchtend, sah Herrn Strass vor seinem geistigen Auge: Wie er im Whirlpool saß und hässlich grinsend einen Cocktail schlürfte, wie er sich junge Frauen aufs Zimmer bestellte und eine dicke Zigarre im Foyer rauchte. Und so haute Herr Walter, von neidvollen Gedanken an die Ewige Stadt erfüllt, ungehalten in die Tasten: Er sprach von einer Frechheit, was Herr Strass sich anmaße? Erstens würden Rechnungen für gewöhnlich nicht per Mail, sondern in Briefform samt beiliegenden Belegen entgegengenommen. Dessen ungeachtet aber brauche er zweitens gar nicht erst zu glauben, dass diese horrende Summe irgendjemand in diesem Haus hier begleichen werde.

Herr Walter konnte zu diesem Zeitpunkt noch nicht wissen, dass Herr Strass in Rom mit seiner wunderbaren Verhandlungskunst ausgesprochen vorteilhafte Kaufverträge abgeschlossen hatte! Der Chef ist nun insgeheim derart begeistert, dass er finster entschlossen ist, Herrn Strass nicht nur eine Festanstellung anzubieten, sondern ihn zu einem seiner engsten Berater zu machen.

Unfreundliche Mails werden so gut wie immer weitergeleitet. In der Regel an den Vorgesetzten. So auch in diesem Fall. Bereits wenige Minuten später eilt der Chef, ein untersetzter Herr um die vierzig, mit erhitztem Gesicht auf Herrn Walter zu: Ob er wahnsinnig geworden sei? Wegen der paar Euro den lieben Herrn Strass so zu verärgern! Wieso er glaube, sich hier derart aufspielen zu dürfen? Ob er, der Chef, in diesem Laden aber auch alles selbst machen müsse?

Herr Walter, unruhig auf seinem Bürosessel wippend, erblasst. Was er denn falsch gemacht habe? Der Chef aber, mit einer wegwerfenden Handbewegung, antwortet nicht, schüttelt nur den Kopf und verlässt, mit allen Anzeichen der Verbitterung, sein Büro, nicht ohne noch kräftig die Tür hinter sich zuzuschlagen.

Wie schlecht Herr Walter in den nächsten Tagen schlief! Derart sich die Gunst des Chefs verspielt zu haben, erschien ihm eine große Last. Denn die Maklerei war ihm, seitdem seine Tochter aus dem Haus war und seine Frau nicht mehr lebte, das Lebenselixier in einem ansonsten nur von wenigen Freuden erfüllten Dasein. Wie die Zeiten sich doch geändert haben, dachte Herr Walter oft in jenen Nächten, sich mühsam von einer Seite auf die andere wälzend. Früher, als der Alte noch im Betrieb war, der Vater seines derzeitigen Chefs, war die Welt noch in Ordnung gewesen. Kein einfacher Charakter auch er, gewiss, mit einer Neigung zu heimlichem Alkoholgenuss, daher oft launisch, aber damals galt noch: ein Mann, ein Wort. Niemals hätte der Alte in derart rabulistischer Weise die Tatsachen verdreht (»Die paar Euro!«), niemals hätte er ihn so furchtbar gedemütigt.

Man erkennt leicht, dass Herrn Walter zwei grobe Fehler unterlaufen sind. Nicht nur, dass er es versäumt hat, die Möglichkeit in Betracht zu ziehen, seinem Chef die Misslichkeit einer überhöhten Rechnung zunächst diskret mitzuteilen. Auch hat er, da er seine Affekte nicht zu zügeln vermochte, höchst voreilig zurückgeschrieben. Sicherlich schwang in seiner Mail eine grundsätzliche Abneigung Herrn Strass gegenüber mit, den er vor einigen Monaten bei einem Abendempfang der städtischen Maklervereinigung kennengelernt hatte. Der junge, groß gewachsene Herr Strass war an diesem Abend sehr eloquent gewesen, man hörte ihn gerne raumgreifend Anekdoten erzählen, später, als sich die Gesellschaft bereits in Auflösung befand, unterhielt sich Herr Strass, wie Herr Walter nicht ohne Beunruhigung registrierte, noch mit seinem Chef vertraulich am Tresen.

Die E-Mail von Herrn Strass war eine durchschaubare Falle, die Herr Walter leicht hätte umgehen können. Denn immer gilt der Grundsatz: Ein Satz, der gesagt oder geschrieben wurde, lässt sich nie mehr zurücknehmen, wer indes zunächst schweigt, um seine Gefühlsregungen zu dämpfen, hält sich Optionen offen. Hätte Herr Walter einige Minuten lang überlegt, seine Antwort wäre jedenfalls anders ausgefallen. In etwa so: »Lieber Herr Strass, haben Sie ganz vielen Dank für Ihre Mail. Ich hoffe, dass Sie neben der Arbeit auch einige vergnügliche Stunden in Rom haben verbringen können! Bei der Durchsicht Ihrer Kostenaufstellung ist mir aufgefallen, dass die Spesen höher ausgefallen sind, als zunächst vereinbart. Wenn Sie mich hierüber kurz aufklären könnten, wäre ich Ihnen sehr verbunden. Mit herzlichen Grüßen und in der Hoffnung, dass wir uns bald einmal wieder treffen, Ihr Heinrich Walter.«

Nun hätte Herr Strass sich erklären müssen, hätte ziemlich wahrscheinlich Herrn Walter geschrieben, dass ein Zwei-Sterne-Hotel sich just an diesen beiden Tagen der Reise nicht hatte auftreiben lassen können. Herr Walter hätte daraufhin Gelegenheit gehabt, durch eine kleine Recherche herauszufinden, dass es an diesen beiden Tagen sehr wohl, und zwar mit Leichtigkeit, möglich gewesen wäre, eine günstige Unterkunft zu finden. Das hätte er Herrn Strass mit großer Höflichkeit geschrieben, nicht ohne zu verschweigen, dass er ein wenig irritiert sei.

Kurzum: Herr Strass wäre im Laufe dieses E-Mail-Verkehrs in immer größere Verlegenheit geraten. Mit nur etwas Glück hätte er sehr bald auch störrisch reagiert, mangels finanzieller Reserven in uneinsichtiger Weise auf dem Gesamtbetrag beharrt und eines schlecht gelaunten Morgens eine Mail an Herrn Walter geschrieben, die diesen dazu aufgefordert hätte, ihn »endlich mit diesem kleinlichen Scheiß« zu verschonen. Darauf aber hätte Herr Walter nur gewartet, hätte den E-Mail-Verkehr ausgedruckt, ihn seinem Chef vorgelegt und bescheiden dargelegt, dass er beim besten Willen zwar nicht die Absicht habe, freie Mitarbeiter schlecht zu machen, aber es sei ein Problem entstanden, um das zu lösen er seinen Rat erbitte.

Ja, wie leicht hätte diese Geschichte eine gute Wendung nehmen können. Wäre Herr Walter nur nicht so zornig geworden!

Wer seine Affekte nicht zu kontrollieren vermag, entblößt sein Inneres und ist leicht verwundbar. Das heißt nun allerdings nicht, dass man sich nicht wütend zeigen dürfte oder traurig. Kunstvoll in Zorn zu geraten, um einen Konkurrenten einzuschüchtern, ist durchaus übliche Praxis. Nur sollte dies niemals in Mails geschehen, die, wie jeder weiß, oftmals in Umlauf gebracht werden. Dagegen: Hin und wieder in das Büro eines sensiblen Kollegen zu treten, diesen übertrieben aufbrausend auf einen Fehler, eine kleine Unaufmerksamkeit hinzuweisen kann nützlich sein, um sich Respekt zu verschaffen.

Große Kunst: Sich gezielt mit Zornesröte öffentlich zu äußern, zum Beispiel während einer Konferenz. Dann sollte man einen Standpunkt aber gleich so vehement vertreten, dass alle Beteiligten glauben, dass dies dem Zornerregten mehr schadet als nützt. Das kann ab und an in Kauf genommen werden, sofern man dadurch als ausgesprochen eigenwilliger Charakter erscheint, als jemand, der eine Haltung hat. Dies wiederum erfordert einen so hohen Reifegrad der Verstellung, dass dies nur den Erfahrenen in jener Kunst empfohlen sei.

3   Sich verstellen

Zwei Geschichten liegen hinter uns, die davon handeln, dass wir uns immerzu inszenieren, inszenieren müssen, um Wünsche, Gedanken, Sehnsüchte auszudrücken, dass wir uns immerzu verstellen! Zur Schonung anderer, damit sie uns in Zukunft nicht schaden und um uns gegenüber Konkurrenten Vorteile zu verschaffen. Wir brauchen dafür den Körper, brauchen die Sprache. Fragile Werkzeuge, die anzeigen, dass ein Riss, seitdem wir auf der Welt sind, in uns ist; dass wir gespalten sind in ein geistiges Innen und ein körperliches Außen; dass wir authentisch sein wollen und bestenfalls so wirken. Nie sind wir bei uns selbst, die Schöpfung, seit wir den Sündenfall erlitten, ist reines Welttheater. Und »wahrhaft zu sein«, wie einst ein Philosoph sagte, heißt nur, »nach einer festen Konvention zu lügen, herdenweise in einem für alle verbindlichen Stile zu lügen«.

Verstellung ist das Verbergen von Absichten, von Charaktereigenschaften, von Einstellungen. Schon das freundliche Grüßen eines Kollegen, den wir nicht schätzen, der im Büro immer so selbstgefällig grinst, der grundlos glaubt, uns überlegen zu sein, ist streng genommen Verstellung. Es gibt Tage, da würden wir ihn gerne ohrfeigen. Doch wir tun es nicht. Wir grüßen, wen wir verachten, noch herzlich. Ohne Höflichkeit, die unsere Leidenschaften dämpft, die den Alltag mit sanften Lügen umspannt, ohne Triebhemmung, ohne auferlegte Distanz wären wir so unverstellt gefährlich, wie es nur Tiere sind. Man muss schon staunen, wie sehr das zivile Zusammenleben vom beharrlichen Sich-Zusammenreißen der Menschen geprägt ist, ja überhaupt erst ermöglicht wird. Und wie mühelos es den meisten gelingt, sich dabei auch noch moralisch zu wähnen. Verstellt wird in dieser Selbstlüge die Verstellung selbst.

Es wurde vor einiger Zeit die feine Beobachtung gemacht, dass die Verstellungskunst immer dann Konjunktur hat, wenn eine Krisenzeit die Menschen plagt. Verbissen kreisten einst die Höflinge um den Fürsten wie Motten ums Licht, und das, was heute Mobbing genannt wird, war schon damals übliche Praxis: Man stach sich gegenseitig aus, machte den Gegner lächerlich, suchte beharrlich nach seinen diskreditierenden Eigenheiten – um nicht selbst einen sozialen Abstieg zu erleiden. Es ging zu wie heute in Chefetagen, in jedem mittelständischen Unternehmen, jeder freiberuflichen Arbeitsgemeinschaft, in jedem Ladenlokal, jeder Putzkolonne.

Ziemlich beschaulich geht es wohl nur zu, wenn man in einem wohlhabenden Land lebt, das kaum Aufsteiger und kaum Absteiger kennt. Es gibt Menschen, die haben das noch erlebt. Sie hatten ein sattes Wirtschaftswachstum im Rücken, sie studierten, bis die Schläfen grau wurden, diskutierten über Trotzki, bis die Stimme heiser, tauschten Partner, bis die Libido ermattet war. Dann retteten sie sich noch schnell in die sicheren Häfen des Beamtentums und der Ehe, um noch das eine oder andere Kind ihren Lenden abzuringen.

In den WG-Küchen sollte es wahrhaftig zugehen, dort gelangte der ungeheure Ausstoß an Psychologie, den die bürgerlichen Jahrhunderte kultiviert hatten, zu seinem Höhepunkt. An den mit Wachstropfen gesprenkelten Tischen wurde nach erfolgtem Liebesspiel über den weiblichen Orgasmus gesprochen und wie er sich anfühlt angesichts des noch nicht vollständig beseitigten Patriarchats. Was für ein Triumph über die schweigsamen Eltern, dass endlich die feinsten seelischen Verästelungen mit verzärtelter Stimme entblößt werden konnten!

Ähnliches erzählen auch manche Ostdeutsche, wenn sie mit vager Melancholie an die Hilfsbereitschaft erinnern, die einst an jeder Ecke einer bröckeligen Fassade erblühte! Wie selbstverständlich half man sich damals mit raren Ersatzteilen für den stotternden Wagen aus, und in den Kneipen saßen noch die Arbeiter gemeinsam mit den Professoren am Tresen, wohnten im selben Block.

Wer sich heute in eine Lounge begibt, im Hintergrund läuft verhalten Musik, mag noch Reste des alten Wahrhaftigkeitskults erblicken, sieht Männer und Frauen, die in klebriger Vertrautheit im gedämpften Licht sitzen und die Nuancen seelischer Verwerfungen erkunden. Es ist wohl die letzte Generation, die vom Wirtschaftswunder der Großeltern noch eine kleine Weile wird zehren können.

Die Jahre jener Männer und Frauen waren bislang vergangen wie ein langer Sonntagnachmittag, sie waren in den achtziger Jahren aufgewachsen, dem, wie einmal treffend gesagt worden ist, langweiligsten Jahrzehnt dieses Jahrhunderts: Nicole sang ein bisschen vom Frieden, und Boris Becker spielte ein wenig Tennis. Doch wer heute Gespräche belauscht, als Beobachter, der sich wie zufällig hineinbegibt in die mit weißen Billy-Regalen bestückten Wohnzimmer, hört und sieht erneut das alte Spiel der Verstellung.

Die Verstellung war natürlich nie ganz verschwunden, sie gehört zum Menschsein dazu wie das Fingernägelschneiden oder der aufrechte Gang. Nur lohnte es sich, da die Lebensläufe, die man vor sich hatte, ziemlich vorhersehbar schienen, über lange Zeit nicht recht, zu intrigieren.

Entscheidend ist nach wie vor die Frage, was anzuziehen sei, welches Hemd stilvoller sei, welches Auto einen in günstigerem Licht dastehen lasse, doch die gute, melancholische Laune ist versiegt und gewiss nicht nur in dieser Generation: der Stress; das Handy, das in der Nacht noch klingelt; das fünfte Praktikum in Folge, und noch immer kein rechter Job; zu wenig Zeit, sagen die Erfolgreichen; schon wieder ein Umzug, sagen die Überforderten. Man eilt von einer Stadt in die andere, wechselt den Beruf, steigt auf, steigt wieder ab, arbeitet an wechselnden Projekten, in wechselnden Teams, unter wechselnden Chefs, checkt siebenundsechzig Mal am Tag seine Mails. Die Beweglichkeit ist hoch, die Konkurrenz erbittert, doch die Verstellung ist blendend: So freundlich war die Welt wohl nie, selten war sie in derart süße Worte verpackt. Der Choleriker ist Vergangenheit, dem Charmeur gehört die Zukunft.

In Zeiten gesellschaftlicher Umbrüche tritt der Verstellungskünstler besonders markant ins Licht. Passé sind die in Dreireiher und mit Monokel posierenden Großbürger in zerknitterten Fotoalben oder stolze Arbeiter, die stattlich vor großen Maschinen stehen, mit hochgekrempelten Ärmeln, zum Kampf der Körper gerüstet, passé die Gewissheit einer klassischen Festanstellung.

Aufbegehrt wird nicht. Nicht der Angestellte meutert, nicht der Freiberufler oder der Scheinselbständige. Nur die Unterschicht zieht ab und an in versprengten und desolaten Gruppen durch die Hauptstadt mit schäbigen Plakaten, Trillerpfeifen und Alkoholfahnen. Aufbegehren? Das gehört der Vergangenheit an. Gegen wen denn? Gegen den Vorgesetzten, der mit der Knute die Angestellten antreibt? Soll man sich unterhaken und ihn stürzen? Undenkbar: Es gibt den Chef, auf den sich die Wut vereinen könnte, nicht mehr. Er ist der angenehmste Mensch auf Erden. Es gibt auch kein Wir. Es gibt das Ich, das eingepanzerte, das sich seine Karriere geschickt erkämpft. Der Gegner sitzt nicht mehr oben, da ist nur noch der Himmel. Er sitzt neben einem im Großraumbüro. Das nennt man flache Hierarchie.

Wie sich verhalten, um sich durchzusetzen? Immer mit einem Lächeln. Der flexible Mensch unserer Zeit tut nie das, was er vorgibt, er gleicht einem Chamäleon, das die Farbe des Gesteins annimmt, auf dem es sitzt.

Allzeit reaktionsschnell sei der Mensch heute, ortsunabhängig und anpassungsfähig, heißt es. Treffende Begriffe, gewiss. Es sind Begriffe des höfischen Lebens. Damals, als jeder Höfling des anderen Gegner war, mit Verve seine Karriere vorantrieb oder um eine Liebschaft buhlte. Am Hof war er nicht mehr der alte Ritter, der mit Schwert und Lanze kämpfte, seine Waffen waren nun wohlbedachte Worte und tückische Gesten. So wie auch heute niemand auf dem Schlachtplatz der Straße Parolen skandiert, sondern in seinem Alltag mit Freundlichkeit sich tarnt.

Dem Urvater der Verstellungskunst, dem düsteren spanischen Jesuiten Baltasar Gracián, war die Täuschung, das Schmeicheln, das Hinter-dem-Rücken-Reden unserer Zeit allzu vertraut. Vor über 350 Jahren. Er und andere Moralisten seiner Zeit werden uns ab und an in unseren Geschichten begegnen. Sie wollten den Menschen nicht moralisch erbauen, sondern ihm seine Maskenhaftigkeit aufzeigen, nicht bessern wollten sie ihn, sondern sein moralisches Koordinatennetz nur begreifen; nicht ethisch verfeinern, sondern ihn kluges Handeln lehren.

Das wollen wir auch. Denn schlecht war die Welt, und sie ist es, schauen wir uns nur um, noch heute.

Was ist das Leben? Es ist ein Minenfeld.

Was die Verstellung? Bedingung unseres Aufstiegs.

Was ist die Liebe? Die schönste aller Täuschungen.

4   Interessiert blicken

Wie sehnen wir uns doch nach Aufmerksamkeit! Wer im Gespräch im Mittelpunkt steht, gefällt sich bisweilen ungemein. Kaum etwas befriedigt die Eitelkeit mehr. Vor allem, wer seine Zuhörer dergestalt in den Bann zu ziehen versteht, dass er in seinem Narzissmus gefällt. Erst dann blicken die Zuhörer den Erzähler aufmerksam und interessiert an. Sie vergessen sich selbst, sie hängen, so lautet eine schöne Wendung, an seinen Lippen. Das wiederum gefällt dem Erzähler sehr, der genau weiß, dass sich selbst gefallen nur wenig hilft, wenn man nicht den anderen gefällt. Umgekehrt gilt: Wer dem Erzähler schmeicheln will, hört aufmerksam zu.

Gut zuhören lässt sich einer Frau während eines Spaziergangs am Rhein. Der erste warme Tag im Jahr: Inline-Skater wagen sich nach draußen, ziehen an dem flanierenden Paar vorbei. Die Frau blickt etwas geistesabwesend auf ein Passagierschiff, das gemächlich stromabwärts zieht.

Die Frau hat heute einen freien Tag, sie ist Chirurgin, die letzten Tage waren ziemlich anstrengend: zwei Blinddarmdurchbrüche, ein kompliziertes Aneurysma und dann noch diese Sache mit dem Pfleger. Schön, dass sie heute ihren guten alten Freund zu einem Spaziergang hat überreden können.

Nennen wir, der Einfachheit halber, den guten alten Freund Andreas und die Frau Maria.

Die beiden kennen sich aus alten Uni-Zeiten. Andreas schreibt noch immer an seiner sich nicht recht zu einem glücklichen Ende entwickelnden Doktorarbeit über die Merowinger. An manchen Tagen entbehrungsreicher Wochen, wie er sie seit Jahr und Tag über Kopien gebeugt verbringt, angewidert vom unschönen Gestrüpp der Fußnoten in allerlei Forschungsliteratur, leidend unter Schreibhemmungen, klingelte Maria, damals noch Studentin, an der Tür seiner kleinen Wohnung und brachte Bier mit. Das wurde dann gemeinsam im Bett getrunken. Und Chips gab es und Videofilme: alle verfügbaren Bonds. Bier statt Wein, das hat ihm gefallen. Nach manchen Nächten lag sie tief versunken im Schlaf, während er, noch eine letzte Zigarette am Fenster rauchend, leicht verwundert bemerkte, dass bereits der Morgen dämmerte. Das mochte er, noch wach sein, wenn sie schlief. Sein Blick fiel gern auf ihre im Schlaf leicht unruhigen Augenlider.

Das alles ist schon ein paar Jahre her, damals schien die Welt, zumindest für Augenblicke, den beiden wie ein Meer von Möglichkeiten. Zusammen waren sie ja nie richtig gewesen, man empfand sich damals, in den jungen Jahren hoher Ansprüche, als zu verschieden. So war es nur, aber das immerhin, eine aus Lust an Abwechslung herbeigeführte Veredelung des Alltags. Und die beiden beschlossen, ihre Affäre völlig komplikationsfrei in eine Freundschaft zu verwandeln, als Maria sich in jemanden verliebt hatte. »Jetzt bin ich richtig verliebt«, sagte sie stolz.

Und während Andreas sich danach immer tiefer in seine Arbeit vergrub, die er sich bis heute durch eine Stelle als wissenschaftliche Hilfskraft am Historischen Institut finanziert, machte Maria nach ihrem Studium mit zäher Leidenschaft Karriere. Mit Ende zwanzig Assistenzärztin! Da konnte niemand meckern, auch ihre Eltern nicht, die ihr daraufhin einen VW Polo schenkten, was Maria ein bisschen albern fand, den hätte sie sich ja jetzt per Ratenzahlung selbst anschaffen können.

Warum wir das alles erzählen? Weil Andreas Maria heimlich doch mehr begehrt, als dies in einer Freundschaft gemeinhin üblich ist. Die nervös zitternden Augenlider im Morgengrauen haben sich ihm eingebrannt. Seit sie gemeinsam beschlossen hatten, sich alle über eine Freundschaft hinausgehenden Zärtlichkeiten zu ersparen, begehrt er nichts anderes als eben jene darüber hinausgehenden Zärtlichkeiten. Lange schon wartet Andreas auf eine passende Gelegenheit, die Beziehung in ihren leidenschaftlicheren Ursprungszustand zurückzuführen.

Und er ahnt sehr richtig, dass es heute soweit sein könnte. Denn Maria ist verwirrt. Die beste aller Voraussetzungen. Sie erzählt stockend, gestikulierend, langsam das Ufer abschreitend, erzählt von ihrem

Freund, auch er Arzt (aber in einer anderen Klinik), so treu sei er, so sorgend, er hege einen Kinderwunsch, sei zärtlich, er koche gerne. Sie liebe ihn. Irgendwie jedenfalls.

Das wisse er doch, sagt Andreas. Und das klinge doch wunderbar! Wo denn das Problem sei?

»Das Problem?« Maria lacht verzweifelt auf. Das Problem sei der Pfleger!

»Der Pfleger? Welcher Pfleger?«

»Ist das peinlich!«, sagt Maria, greift sich an die Schläfen, errötet. Und erzählt dann die ganze heillose Verwicklung. Anfangs waren da nur scheue Blicke und leichte Berührungen, der Pfleger reichte ihr bei der einen oder anderen Behandlung eines Patienten medizinische Gerätschaften. Es folgten: Erstens das unvermeidliche Aufeinandertreffen in der Kantine, wo man gemeinsam ein Wiener Schnitzel mit Bratkartoffeln aß, zweitens das kleine, noch völlig harmlose Bier nach einer gemeinsamen Schicht, drittens aber die jähe Rückkehr längst vergangener Aufwallungen der Jugend, was mit dem hektischen Aufsuchen diverser Abstellräume der Klinik einherging. In irgendwelchen Pausen, die man sich gemeinsam gestattete.

Was solle sie nur tun? Ihrem Freund alles beichten, die Affäre beenden? Ihren Freund verlassen? Ach, alles sei so ein Durcheinander, hier die Sicherheit, da die große Aufregung, sie könne sich kaum noch auf die filigranen Schnitte bei schwierigen Eingriffen konzentrieren.

Nun könnte man leicht auf den Gedanken kommen, dass Andreas, bei gleich zwei männlichen Konkurrenten, erst recht keine Chance mehr habe. Das Gegenteil ist wahr. Andreas vermutet nämlich völlig zu Recht, dass sowohl ihr Freund als auch der Pfleger sich bereits zur Genüge bekämpften. Ohne dass sie dies voneinander wüssten: Der Pfleger ist Maria der Beweis für die Langeweile ihres Freundes, ihr Freund der Beweis für das unsolide Leben des Pflegers. Dieser verdient nicht nur recht wenig, allein ihn auf irgendeine Party mitzunehmen wäre schon undenkbar. Da würde sie sich schämen, für die Schlichtheit seiner Gedanken.

Das aber, gleichwohl es denkend, sagt Andreas nicht. Er hört Maria aufmerksam zu, blickt nachdenklich, raucht eine Zigarette, fragt zwischendurch nach, wenn er das eine oder andere präzisiert wissen möchte, und treibt dergestalt den Konflikt mit aller Schärfe ans Licht. Keinesfalls begeht er den Fehler, einen der Konkurrenten oder beide zu kritisieren. Im Gegenteil: Er lobt einerseits, wenn auch verhalten, die schöne Leidenschaft der Affäre (»Wie aufregend!«), andererseits die solide Ruhe ihres Partners (»So ein angenehmer Mensch!«). Und fordert damit den Widerspruch seiner guten alten Freundin heraus, die ihre träge sich hinziehenden Sonntage mit ihrem Freund beklagt (»Wir spielen neuerdings Karten, dabei spiele ich gar nicht gerne!«) und sich dann über den Pfleger beschwert, der seine Eroberung wohl bereits herumerzählt habe. Jedenfalls gebe es frivole Sticheleien von Kollegen, man würde aufs Unappetitlichste über sie scherzen (»Na, lässt du dir gleich wieder die Spritze geben?«).

Wenn sie recht überlege, sagt Maria, sei dieser Pfleger, der übrigens nicht schlecht aussehe, nur eine vorweggenommene Absprungbeziehung. Nicht mehr.

Jetzt erst, da das Spiel fast gewonnen scheint, geht Andreas von seiner verständnisträchtigen Haltung zum Angriff über, zeigt auf einen ungeheuer prächtig in der Nachmittagssonne erstrahlenden Pavillon aus rotem Backstein, der auf einer leichten Anhöhe liegt und in dem kürzlich eine Bar eingerichtet worden ist.

Bereits beim zweiten Bier sprechen die guten alten Freunde über die guten alten Zeiten (»War schon eine verrückte Zeit damals!«). Beim dritten wird es vorübergehend ernst, da sich Maria nach dem Stand der Doktorarbeit erkundigt, die Andreas in einer sehr wohlwollenden Interpretation des Sachverhalts als nunmehr kurz vor dem Abschluss stehend bezeichnet. Beim vierten Bier fällt Maria auf, dass Andreas in den vergangenen Wochen ziemlich abgenommen hat (»Das steht dir aber gut!«).

Andreas schlägt zum Ausklang des Tages vor, einen Film auszuleihen. Nach einem kurzen Zögern (aus dramaturgischen Gründen, nicht aufgrund eines Zweifels), sagt Maria: »Ach, warum eigentlich nicht.«

Und Stunden später wundert sich Andreas, eine letzte Zigarette am Fenster rauchend, dass bereits der Morgen dämmert. Das mag er, noch wach sein, während Maria schläft. Sein Blick fällt auf ihre im Schlaf leicht unruhigen Augenlider.

So siegt der aufmerksame Blick, das geduldige Zuhören über die unbedachte Rede. Und neidisch sind alle anderen, verspotten denjenigen, der nachdenkliches Interesse zu zeigen vermag, als »Frauenversteher«. Doch handelt natürlich derjenige richtig, der nie die Eitelkeit desjenigen unterschätzt, der erzählt. Unangenehm ist einem Erzähler nämlich immer zumute, wenn er feststellt, dass der Gesprächspartner bereits darüber nachdenkt, was er erwidern soll, statt an seinen Lippen zu hängen. Nur wenn dieser unbedingte Aufmerksamkeit zeigt, tappt derjenige, der erzählt, in die Falle, sich gänzlich zu offenbaren.

5   Authentisch wirken

Wir meiden den Taktierer, der sein Taktieren nicht zu verbergen vermag, den Lügner, der das Lügen nicht beherrscht. Einen Zauberer, dessen doppelte Böden wir erspähen, belächeln wir mitleidig. Immer und überall kommt es darauf an, die Kunst der Verstellung zu beherrschen.

Ein junger Mann regte sich kürzlich darüber auf, dass eine südeuropäische Fluglinie in ihrem Prospekt von einer »privaten, gemütlichen Atmosphäre« sprach, die man in ihren Flugzeugen genießen dürfe. Er las den Prospekt während des Fluges von Zagreb Richtung Heimat. Der Flug war ausgebucht. Vor ihm vibrierte heftig der Sitz eines Mitreisenden, zu seiner Linken schmiegte sich eine schwitzende Dame von beträchtlicher Korpulenz an seine Schulter, zu seiner Rechten, zumindest das, nur ein schmächtiger Asiate, der aber, wie dem jungen Mann schien, ebenfalls von Platznot bedrängt, auf unangenehme Weise schwer atmete. Nur da jeder der derart Eingeklemmten peinlichst Sorge trug, sich nicht zu bewegen, ließ der Flug sich ertragen. Ein kurzes Vorbeugen, um sich am Unterschenkel zu kratzen, hätte das sorgsam komponierte Gefüge der Körper heillos durcheinander gebracht.

Man saß also in einer winzigen Boeing, in die man, wohl um die Preise zu drücken, möglichst viele Sitze hatte montieren lassen. Das Handgepäck wurde einem vor dem Flug vom lächelnden Bordpersonal weggenommen und im Laderaum verstaut, da, wie sich rasch herausstellen sollte, es im Passagierbereich keine Staufläche gab. Es wurde also nicht etwa aus Gründen eines besonderen Services entwendet, wie im Prospekt angedeutet wurde. Darin stand, man tue dies, um »die Gäste zu entlasten«.

Der junge Mann erzählte all dies mit bebender Stimme. Und sagte, dass er sich über so etwas nur aufrege, da die Botschaft der Reklame besonders eklatant dem Produkt widersprach. Da kenne er sich aus, schließlich arbeite er als Pressesprecher bei einem großen deutschen Automobilunternehmen. Die Werbung, die sein Konzern schalte, sei da weitaus subtiler. Vor allem sei sie sehr amüsant. Nur wenn sich die Firma nicht so ernst nehme, mache sie das sympathisch. »Immer die Leute zum Lachen bringen!«, sagte der Pressesprecher noch und erzählte, dass vor allem im Kino die Werbung heutzutage sehr anspruchsvoll sei, der darauffolgende Hauptfilm würde deshalb häufig enttäuschen.

Die funkelnden Lügen der Leuchtreklame, die Spots im Fernsehen, die Pop-ups auf dem Computer nehmen wir meist duldsam, bisweilen sogar vergnügt hin, ohne ihnen zu glauben. Doch was wir den Firmen, die uns umschmeicheln, gestatten, verachten wir bei unseren Mitmenschen.

»Die ist nicht authentisch!« Dieser Satz ist, mit Verve ausgesprochen, wenig schmeichelhaft. Anja, eine Frau Mitte dreißig, die mit ihrer nur um wenige Jahre älteren Freundin im Café sitzt, hat sich gerade in dieser Weise über ihre Chefin geäußert und schüttelt nun verächtlich den Kopf. Es ist Herbst, Laub liegt auf der Straße, aber dank der Heizpilze, die das Trottoir säumen, friert es die Freundinnen nur um die Fußgelenke herum ein ganz kleines bisschen. Und da sogar ab und an die Sonne durch die Wolkendecke bricht, haben die beiden Frauen ihre großen Sonnenbrillen griffbereit auf den Tisch zwischen die Kaffees gelegt.

Anja arbeitet in einem Meinungsforschungsinstitut und muss sehr viel telefonieren. Umfragen über dies und das. Welche Partei am nächsten Sonntag gewählt werden würde, welche Werte den Menschen wichtig seien, zu welcher Uhrzeit sie Lebensmittel einkauften. Solche Sachen.

Die Chefin wurde vor wenigen Tagen auf der wöchentlichen Konferenz darauf angesprochen, dass man in letzter Zeit immer weniger zu tun habe. Unter den Mitarbeiterinnen, ein Mann arbeitet nicht in dem Büro, grassiere die Sorge, dass es dem Meinungsforschungsinstitut womöglich nicht so gut gehe. Worauf die Chefin, nicht eben souverän, sondern mit leicht zitternder Hand, die jeder deutlich wahrnahm, entrückt lächelte und sagte, dies sei nur eine vorübergehende Auftragsschwäche, niemand brauche sich hier um seinen Job zu sorgen. Die Chefin, die gerne im straffen Kostüm und mit selbstbewusstem Lachen Politiker und Geschäftsmänner im Institut empfing, errötete nach ihrer leicht haspelnd vorgebrachten Antwort, und es wunderte niemanden, dass bereits zwei Tage später das nicht unbegründete Gerücht kursierte, dass drei Stellen aus betriebsbedingten Gründen wegfallen sollten.

Die ältere Freundin, nachdem sie den Bericht der Jüngeren gehört hatte, zeigte sich empört: »So eine Sauerei! Wie verlogen!« – »Ja«, sagte Anja, sich mit ihrer rechten Hand flüchtig durch das lange Haar streichend, »die ist nicht authentisch.« Dann fügte sie hinzu, dass sie zu den drei Frauen gehöre, die den Betrieb zu verlassen haben. Die Ältere blickte bestürzt, umfasste die Hände Anjas. Allerlei Szenen gingen dieser nun durch den Kopf: Wie die Chefin eigentlich schon immer sehr unnahbar gewirkt habe, einfach nicht echt, wie so manches Lachen aufgesetzt, mancher Scherz schon immer gekünstelt gewirkt habe. Das Einstellungsgespräch tauchte ihr in der Erinnerung auf, damals sagte die Chefin allerhand Schmeichelhaftes, sprach von großen Aufstiegschancen. Und der allmorgendliche Satz fiel ihr ein, die Chefin sagte immer nach einer kurzen Besprechung zu allen: »So, Mädels, jetzt aber ran an die Arbeit!« Der Satz wirkte immer bemüht und nur mäßig motivierend.

Ach, hätte die Chefin, deren entbehrungsreiche Karriere sich nicht unvorteilhaft durch markante Falten ins Gesicht gegraben hatte, hätte sie doch nur mit einer rührenden Rede, große Betroffenheit bekundend, von den Schwierigkeiten gesprochen, in die man geraten sei! Die Mitarbeiterinnen hätten Hochachtung, Respekt gehabt. Wären motiviert gewesen, hätten sich auf harte Zeiten eingestellt.

So aber kann jeder, der mit einem Mindestmaß an Lebenserfahrung ausgestattet ist, vorhersehen, was geschehen wird: Der unauthentischen Chefin wird nicht mehr geglaubt, einige der verbliebenen Telefonistinnen, es sind gerade die besonders motivierten, schicken Bewerbungen an andere Unternehmen. Andere, da nun allgemeine Missgunst, ein Kampf aller gegen alle entbrannt ist, lassen sich häufig entnervt krankschreiben. Der Vorstandsvorsitzende, dem die Chefin untersteht, fragt sich nun nicht ohne Grund, ob diese wohl überfordert sei, warum so ein Durcheinander in ihrem Institut herrsche?

Und bereits ein halbes Jahr später sitzt die Chefin selbst, die alles für die Karriere aufgeopfert hatte, in ihrem großzügigen Loft und kann ihre Entlassung einfach nicht fassen, vor ihr bereits eine Handvoll Rechnungen, die sie nicht begleichen kann. Ganz allein trinkt sie einen Gin Tonic nach dem anderen und ruft immer wieder ihren Ex-Mann an, aber das Schwein hebt einfach nicht ab.

Gut, wenn man einen natürlichen Habitus glaubhaft zu machen versteht. Das wusste bereits der italienische Diplomat Baldassare Castiglione, der vor 500 Jahren sein Buch »Der Hofmann« schrieb. An den Höfen der Welt lernt der Hofmann zu fechten, geschmeidige Konversationen zu führen, sich ordentlich zu pudern und Damen zu verführen. All diese Fertigkeiten gelingen ihm mit Grazie, die, damit jede Bewegung authentisch erscheint, ein ordentliches Training voraussetzt: »Wahre Kunst ist«, schreibt Castiglione, »was keine Kunst zu sein scheint; und man hat seinen Fleiß in nichts anderes zu setzen, als sie zu verbergen.«

Kaum etwas ist mühsamer als Mühelosigkeit zu suggerieren, weniges nur schwerer als eine leichte Konversation. Und schlimm, wenn man seine Verstellung dabei nicht zu verzieren vermag mit Anzeichen tief empfundenen Schmerzes oder Herzensfreude. Noch schlimmer sind die Zeichen missratener Täuschung: das unzeitige Erröten, Stottern oder Erblassen.

Ein authentischer Charakter gilt als Zierde, doch niemand kommt ohne strategische Klugheit aus. Das ist das Spannungsfeld, in dem wir leben. Wer daher kein Pathos der Aufrichtigkeit zu simulieren versteht, wem immerzu der Panzer der Verstellung sichtbar auf den Schultern liegt, wird niemals geliebt. Die Verstellung erreicht ihren Gipfel in dem Moment, da sie vermeintlich aufgegeben wird.

Einst waren Chefs unumschränkte Patriarchen und schmissen mit Schuhen nach ihren Angestellten, sie waren launisch wie Diven nach einer durchzechten Nacht, stauchten auf dem Flur mit überschnappender Stimme Mitarbeiter zusammen, und die Sekretärinnen waren ihre devoten Gespielinnen. Doch der böse Boss mit dicker Zigarre ist abgetreten, den bis zum Überdruss karikierten Choleriker des

alten Kapitalismus gibt es nur noch in Ausnahme-
fällen, vorzugsweise in alten Familienunternehmen.
Heute gibt man sich in der Regel sachlicher, ge-
schmeidiger, netter. Die E-Mail-Accounts der Angestellten sind nach diversen Führungskräfteseminar-
en übervoll mit motivierenden Nachrichten. Man
duzt sich im Team. Die durchsichtigen Türen in
gläsernen Bürogebäuden, die keine Rückzugsräume
mehr gestatten, versinnbildlichen die sonnenlicht-
durchflutete Heiterkeit. Und man darf als Chef heute
auch eine freche Jörg-Pilawa-Frisur tragen, ohne als
unseriös zu gelten.

In den Talk-Runden beteuern die Manager freundlich, dass sie keine Entlassungen vornehmen möchten, wäre da nicht die Konkurrenz in Chongqing; dass
sie keine Firma schließen wollen, wären da nicht die
Aktienkurse. Überall Zwänge und Abhängigkeiten,
unter denen sie leiden. Ihre Falle: ganz in Geschmeidigkeit aufzugehen, in der guten Laune falsch ver-
standener angelsächsischer Smartheit. Man macht
assessments, meetings, man outsourced. Und ist man
auf eine heftige Krise überhaupt nicht vorbereitet,
zeigt man sich sogleich von der unbeholfenen Seite,
die Hand zittert, die Verstellung wird als misslungen
erkannt, die Gunst fällt von einem ab.

Im Angesicht der human resources merke sich der
beflissene Aufsteiger wie der kluge Chef, der Angestellte wie sein Vorgesetzter: Nur ein Verstellungskünstler, der das Natürliche, das gebrochen Traurige
und das wahrhaft Stolze zu inszenieren weiß, vermag
erfolgreich zu verführen.

6   Sich zumeist bescheiden zeigen

Im Zustand ungehemmter Freude sind wir der festen und trügerischen Überzeugung, dass sich unsere Freunde und Bekannten, unsere Arbeitskollegen und Verwandten mit uns freuen. Angesichts eines großen Triumphes neigen wir zu dem Irrtum, dass einen Glücklichen zu umarmen bedeutet, selbst ein bisschen glücklich zu sein. Ein Fehler, wenn wir den Neid anderer ausblenden, eines der giftigsten aller Gefühle, das zu allem Übel äußerst weit verbreitet ist. Jeder kennt das Gerangel um einen Posten, den kalten Blick auf unsere Wohnung mit Dachterrasse, die Missgunst angesichts unseres überaus schönen Partners.

Missgunst erzeugt nicht notwendigerweise Leid. Sie ist heimlicher Gradmesser unserer Anerkennung. Kaum etwas befriedigt uns im Stillen mehr, als beneidet zu sein. Wäre Neid nur nicht so gefährlich, ein Stachel für andere, uns vom Thron zu schubsen, von der Sonne in den Schatten.

Wie mit Neid verfahren? Immer so, dass der Neid

der anderen nur ohnmächtig anschwillt, ohne Gefahr für einen selbst.

Besonders heikel sind Situationen, in denen wir uns selbst zu feiern gestatten. Wenn wir etwa ein Fest geben. Mit einer Ausnahme: der Geburtstag. Auf Geburtstagsfeiern sind wir ganz ohne Neid. Insgeheim sind wir sogar schadenfroh. Ein weiteres Jahr des Gastgebers ist vergangen, in diesem Jahr weiteten sich Geheimratsecken fast schon zur Glatze, Falten sind hinzugekommen, ein paar Kilogramm auch. Zwar sind Partys häufig Stätten des Unheils, die Geburtstagsfeier ist es in der Regel eben nicht. Aus Mangel an Neid. Der Gastgeber, als erster angeheitert, schenkt den Gästen Wein ein oder nach, der für gut befunden wird. Man lacht und stößt an, es gibt orientalische Vorspeisenteller, die gelobt werden, und es stört eigentlich nur, dass, wie immer bei Festen, Gabelmangel herrscht.

Es wäre eigentlich weitaus sinnvoller, nicht den Geburtstag zu feiern, sondern eine Gehaltserhöhung. Ohne Zweifel ein freudiges Ereignis, das an sich ein großes Fest verlangt: »Liebe Freunde und Kollegen, hiermit lade ich Sie/Euch am 15.01. zu einer Feier in die **str. 23 ein. Mein Vorgesetzter hat sich entschlossen, mein Gehalt von 3500 Euro auf 3800 Euro brutto anzuheben. Darauf möchte ich mit Ihnen/Euch anstoßen. Ich kann es mir ja jetzt leisten;-).«

Eine solche Einladung ist mit Sicherheit bislang nur selten erfolgt. Manchmal haben wir, die Kinder bürgerlicher Bescheidenheitsethik, ein intuitiv richtiges Gespür für eine Grundregel menschlichen Zusammenlebens: Wir feiern unbeschwert, wenn es nichts zu feiern gibt; eine Feier indes wird heikel, wenn der Gastgeber einen echten Anlass zum Feiern hat. Und den gibt es leider allzu oft.

Blicken wir auf einen Friseur, er heißt Erik und ist Anfang vierzig. Erik hat sich, nachdem er einige Jahre angestellt war, selbstständig gemacht. Ein kleiner, nur etwas extravaganter Salon in einer gut gemischten Gegend (Altlinke, Neureiche und freundliche, nicht allzu arme Ausländer). Vor der Eröffnung veranstaltet Erik eine Feier. Alle seine Freunde sind eingeladen. Konkurrierende Kollegen kommen auch. Er lässt von lächelnden Catering-Damen, die knappe Röcke tragen, einen berühmten Vermouth und kleine Häppchen reichen, darunter die wohl niemals ausrottbaren Käse-Weintrauben-Spießchen. Man stößt an und lobt: Wie geschmackvoll das helle Grün an den Wänden doch sei! Und erst die ausgesprochen große, metallisch glänzende Espressomaschine! Da habe sich Erik aber ganz schön in Unkosten gestürzt, sagt ein Kollege und haut unserem Friseur mit der flachen Hand kräftig auf den Rücken, was beinahe zur Folge hat, dass dieser ein Käse-Weintrauben-Spießchen verschluckt. Es wird herzhaft gelacht.

Das Klavier, aufgestellt in einer von sanftem Licht bestrahlten Ecke, wird allgemein als ein wenig übertrieben empfunden. Jedenfalls zeigen ab und an die das Interieur begutachtenden Gäste ein verschwörerisches Augenrollen. Erik erzählt, dass immer samstags ein Klavierspieler engagiert werden solle, der die Kunden während ihres Friseurbesuchs mit Improvisationen unterhält. Das Wichtigste sei doch, dass so ein Friseurbesuch als Erlebnis wahrgenommen werde.

Wie verhält sich Erik auf seiner Feier möglichst vorteilhaft? Nun, man muss wissen, dass er sich gewiss ist, dass seine Unternehmung ein voller Erfolg wird. Das Risiko ist allein deshalb recht gering, da er kürzlich in nicht unerheblichem Ausmaß geerbt hat. Davon weiß aber niemand. Zudem glaubt er nicht ohne Grund, einer der besten Friseure der Stadt zu sein. Nicht wegen einer besonderen Haarschneidetechnik, sondern da die Kunden ein Gespräch mit ihm schätzen. Erik ist immer bestens informiert: welche Kindergärten besonders innovationsreich sind im Viertel, wo die besten Yoga-Kurse abgehalten werden und welche Feinkostläden auch wirklich bio sind. Bereits jetzt, noch vor dem eigentlichen Eröffnungstag des Salons, hat er Termine über beinahe zwei Wochen vergeben.

Erik gibt sich auf seiner Feier natürlich nicht zu bescheiden: »Och, es ist ja nur ein kleiner Salon!«, »Na ja, so gut Haare schneiden kann ich eigentlich gar nicht.« Nein, das würde ihm niemand abnehmen, es hieße allenthalben: »So eine falsche Bescheidenheit!«

Noch schlimmer aber wäre es, triumphierend aufzutreten, also gewissermaßen ehrlich: »Ich bin der Größte, Leute!«

Nein, schön wäre es, Erik könnte sich hoffnungsfroh zeigen. Er würde von einer großen Herausforderung sprechen, davon, dass mit dem Unternehmen auch Risiken verbunden seien. Einige Sorgen würde er anschneiden: der gewagte Kredit, um das alles hier zu finanzieren, Ärger mit Behörden, nach dem dritten Glas Wein würde er gar skeptisch seine Kollegen fragen, ob die Lage für den Salon wohl so gut gewählt sei. Man würde ihn, unter Auffahrung von allerlei Argumenten, beruhigen. Ach, alles sei so aufregend gerade, würde der Friseur noch sehr erregt sagen und auf beinahe unsichere Weise mit seinen Gästen lebhaft anstoßen. Man würde ihm sehr viel Glück wünschen. Von ganzem Herzen.

Seinen Konkurrenten dürfte Erik mit diesem angenehm bescheiden wirkenden Verhalten in den Glauben versetzen, dass ihm eine schwere Zeit bevorstehe. Zumindest in den ersten Jahren. Seine Freunde würden ihn natürlich unterstützen. Gern und häufig Babysitten bei ihm und seiner Frau (die übrigens freiberuflich Heilkundekurse abhält), damit sie bei all dem ganzen Stress »mal rauskommen«.

So geschieht es auch. Eriks Kollegen fällt erst nach einem halben Jahr auf, dass er innerhalb kürzester Zeit erfolgreicher geworden ist als sie selbst. Sogar aus Stadtteilen, die sie bislang über Jahre beherrschten, fallen Kunden nun zu unserem Friseur. Jeden Samstag spielt dort nämlich, ganz wie vorgesehen, ein Jüngling mit langen, blonden Haaren Klavier. Das mögen vor allem die Frauen. Der Friseur, während dieser beinahe schon feierlichen Vorstellung des Pianisten, erklärt beim Haareschneiden mit seiner angenehm rauchigen Stimme, wo die Frauen für ihren Nachwuchs die beste Nahrung erstehen können.

Hätten seine Kollegen bei der Feier Erik nicht so fahrlässig unterschätzt, sie hätten sogleich Konkurrenzunternehmen in seine Straße gesetzt. Doch dafür ist es jetzt zu spät. Der Neid der Kollegen schwillt an, er kann dem Friseur aber nicht mehr gefährlich werden. Die Konkurrenten schaffen sich jetzt auch Jünglinge an, die Klavier spielen, aber es wirkt ein bisschen nachgemacht. Dafür lassen sie auch wochentags spielen, was sich aber nicht rechnet. Aber das merken sie zu spät. Dem Friseur gefällt diese aktionistische Ohnmacht sehr. Er ist zufriedener als jemals zuvor. Selbst sein kleines, heimliches Alkoholproblem hat er nun, vom Erfolg berauscht, halbwegs im Griff.

Nützlich, gerade am Anfang einer Unternehmung, ist es, unterschätzt zu werden. Wer auf angenehme Weise bescheiden wirkt, befolgt eine uralte Inszenierungspraxis, die in all ihrer Niedertracht bereits der französische Moralist François de La Rochefoucauld im 17. Jahrhundert am Hof beobachtet hat. »Bescheidenheit«, sagt er, »ist eine Tugend, die man vor allem an anderen schätzt.« Man inszeniert sie gerne, denn man weiß, dass sie gut ankommt, insgeheim ist man naturgemäß ungeheuer eitel. Wie so viele Tugenden ist Bescheidenheit nur ein »verkleidetes Laster«.

PS: Da viele ahnen, dass die Bescheidenheit oftmals inszeniert ist, wird selten lobend angemerkt: »Der ist so bescheiden!« Das klingt beinahe schon spöttisch. Man sagt dann lieber anerkennend: »Der ist auf dem Boden geblieben.« Und meint damit: Jemand mache sich nichts aus seinem Erfolg. Tatsächlich ist diese

Haltung zu inszenieren stets vorteilhaft. Es gibt genügend Menschen, die sie leichtfertig glauben.

PPS: Wer, für alle unübersehbar, erfolgreich ist, sollte die Strategie wechseln. Er sollte dann alles daran setzen, von anderen überschätzt, nicht unterschätzt zu werden. Letzteres ergibt keinen Sinn mehr. Eine geheimnisvolle Aura möge den Erfolgreichen umgeben. Sie hält seine Gegner in sicherer Distanz.

7 Niemals perfekt scheinen

Ein Romanistikprofessor sagte einmal, als eine Stelle an seinem Institut besetzt wurde, folgende zornigen Sätze: »Mittelmäßige Kollegen stellen Leute ein, die schlechter sind als sie selbst. Sehr gute Leute suchen immer nach Kollegen, die noch besser sind als sie selbst.«

Er selbst ist ein sehr guter Romanistikprofessor und war ungehalten darüber, dass die Mehrheit des Kollegiums sich auf einen mittelmäßigen Bewerber geeinigt hatte. Einen brillanten Kollegen hingegen, den der sehr gute Professor vorgeschlagen hatte, lehnte man mit der Begründung ab, dieser sei arrogant, er würde den Frieden am Institut bedrohen, seine Forschung sei wenig verständlich usw.

Der sehr gute Professor, ein weltweit angesehener Experte für die französische Literatur des 19. Jahrhunderts, nahm wenige Monate später eine andere Stelle an, so sehr hatte ihn die Fehlentscheidung seiner Kollegen empört. Das Ministerium beschloss, die frei gewordene Stelle nicht mehr wiederzubesetzen.

Auf den Hochschulrankings, die alljährlich in großen Magazinen abgedruckt werden, sackte das Institut von Platz 9 auf Platz 17 ab. Ambitionierte Romanistikstudenten mieden die einst ruhmvolle Universität.

Wie viele Institute und Unternehmen gehen an der Missgunst mittelmäßiger Kollegen zugrunde! Nicht wenige, die eigene Mittelmäßigkeit erahnend, fürchten ihre Unterlegenheit vor kompetenten Kollegen und sind peinlich bedacht darauf, ihnen keine Chance zu geben.

Die größte Tücke bei einem Bewerbungsgespräch ist deshalb nicht die Gefahr, einen schlechten Eindruck zu hinterlassen, sondern ganz im Gegenteil: einen zu guten. Arroganz, häufig Zeichen einer realistischen Einschätzung eigener Überlegenheit, gilt es daher unbedingt zu vermeiden. Das beste Rezept, eine Stelle zu erlangen: Im Bewerbungsgespräch ganz bewusst ein, zwei Unsicherheiten einbauen! Und im Gegenzug niemals die Unsicherheit anderer reizen! Lieber sich selbst schwach zeigen, wider das Bewusstsein der eigenen Stärke.

Eine mittlerweile übliche Frage bei Bewerbungsgesprächen lautet: »Wo sehen Sie Ihre eigenen Schwächen?« Offensichtlich soll damit eine gesunde Selbsteinschätzung des Bewerbers erkundet werden. Klug ist, wer daraufhin antwortet, er sei manchmal zu »ungeduldig«. Das suggeriert Ambitioniertheit und Schnelldenkertum, zeigt aber gleichzeitig, dass dem Bewerber die Schädlichkeit einer übermäßigen Ausprägung dieser Eigenschaft bewusst ist.

Eine Frau hatte sich in einem Unternehmen, das

witzige T-Shirts herstellt, um eine Stelle in der Kreativabteilung beworben. Zunächst wurde während des Vorstellungsgesprächs in betont entspannter Atmosphäre über das Hauptziel des Unternehmens gesprochen: nämlich möglichst viele T-Shirts mit möglichst lustigen Slogans zu verkaufen. Die Kreativabteilung hatte die Aufgabe, sich Slogans für die T-Shirts auszudenken. Während des Gesprächs wurde das durch und durch gelungene Modell mit dem Aufdruck »I prefer sex to gender« der Bewerberin gezeigt, die feinsinnig lächelte und wissend nickte. Alles lief, mit anderen Worten, wunderbar. Selbst über ihre Gehaltsvorstellung wurde gesprochen und man schien die Forderung nicht für völlig abwegig zu halten. Doch dann folgte die unvermeidliche Frage, von der Dame des Betriebsrats gestellt: »Wo sehen Sie Ihre eigenen Schwächen?«

Die Bewerberin stutzte kurz, lachte dann laut auf. Die Frage schien ihr zu klischeebeladen, als dass sie im Stande gewesen wäre, zu antworten, sie sei manchmal zu ungeduldig. Dann fragte sie noch, ob die Frau vom Betriebsrat sich etwa mit Hilfe eines Bewerbungsratgebers auf das Gespräch vorbereitet hätte. Das Einstellungskomitee reagierte mit eisigem Schweigen, man verabschiedete sich mit bemüht wirkender Höflichkeit, und nicht einmal die Bewerbungsunterlagen wurden der Bewerberin jemals wieder zurückgeschickt.

Wer also an einem Job interessiert ist, sollte beim Bewerbungsgespräch niemals die Kontrolle über seine Affekte verlieren. Selbst wem eigene Schwächen nicht bewusst sind, sollte antworten: »Ich bin hin und wieder zu ungeduldig.« Man kann das vorab einstudieren, vor dem Spiegel, auf dass die Antwort nicht allzu gekünstelt wirkt.

Man sollte auf die Frage »Wo sehen Sie Ihre eigenen Schwächen?« übrigens erst nach einer ganz kleinen Pause antworten. Einer kleinen Pause, die spontanes Nachdenken suggeriert. Nachdenken wiederum deutet an, dass die Frage klug und sinnvoll war, was den Fragestellern schmeichelt. Zudem suggeriert ein kurzes Nachdenken die authentische Suche nach einer wahren Antwort. Erst dann sollte man mit fester Stimme und mit einer gewissen Ernsthaftigkeit antworten, dass man hin und wieder zu ungeduldig sei, an diesem Charaktermangel aber arbeite.

Denn kaum etwas lieben Chefs mehr als kleine Unsicherheiten. In Maßen simuliert, wirken sie vorteilhafter als vollkommene Selbstsicherheit, die in der Regel fälschlicherweise als Selbstüberschätzung aufgefasst wird. Ein kurzes Erröten kann niemals schaden. Selbst ein Satz, der in scheinbarer Aufgeregtheit grammatikalisch nicht einwandfrei endet, stört nicht, solange die Aussage mühelos verstanden werden kann.

Am Ende wird das Einstellungskomitee zu dem Ergebnis kommen, dass der Bewerber eben nicht aalglatt, nicht perfekt sei. Er habe Ecken und Kanten, gerade die machten ihn durchaus sympathisch. Und der Bewerber bekommt schließlich die Stelle. Denn klug ist, wer beizeiten seine Klugheit zu verbergen vermag.

8   Den rechten Zeitpunkt nutzen

Es kommt immer und überall auf den rechten Zeit-punkt an. Liebesgeständnisse, zu früh geäußert, schlagen die begehrte Person in die Flucht. Derart lange zu zögern, bis der angebetete Mensch enttäuscht das Feld der Liebe verlässt – gleichfalls: höchst ungünstig. Doch wie nur merken, wann die Gunst der Stunde ergriffen werden soll?

Stellen Sie sich vor, Sie sind Anfang vierzig, eine Frau mit reifer Souveränität und noch blühender Schönheit ausgestattet, was Ihnen durch allerlei verstohlene Männerblicke in der Tram jeden Tag aufs Neue bestätigt wird. An Ihrer letzten Beziehung haben Sie sich zerrieben, Sie laborierten an Problemen, die einfach nicht zu lösen waren. Ihre Freunde haben schon seit Jahren geahnt, dass die Beziehung sich ihrem Ende neigte. Aber sie laborierten weiter, gegen alle Vernunft. Denn gab es, bei all den heftigen Auseinandersetzungen, nicht auch immer wieder Funken von Hoffnung? Keine Frage: Es war ein viel zu komplizierter Mann, mit großer Neigung zur traurigen

Sinnsuche, nachdem zwei Romane, die er geschrieben hatte, weitestgehend unberührt von Käufern, eine Weile in wenig frequentierten Nischen großer Buchhandlungen auslagen und dann einfach verschwanden, als wären sie nie geschrieben worden. Die Kritiken waren kränkend, man diagnostizierte einen »manierierten Stil«, schrieb über das letzte Buch, dass es »die Welt wahrlich nicht braucht«.

Ihr Freund war nach diesen zwei Misserfolgen übellaunig gestimmt. Ungewaschen, einem Gespenst gleich, schlurfte er mit unterdrückter Unruhe durch die gemeinsame Wohnung, aß kalte Spaghetti und trank mittags schon Wein minderer Güte. Und Sie? Getröstet haben Sie ihn! Immer wieder. Als wären Sie, die erfolgreiche Layouterin einer renommierten Modezeitschrift, Mutter Theresa! Ja, so haben Sie sich gefühlt, wie die Mutter aller Mütter. Wie Sie das, bei allem Mitleid, gehasst haben! Ihre beste Freundin sprach von »Co-Abhängigkeit«. Sie sagte, Sie seien dem Unglück dieses Mannes verfallen »wie ein Junkie dem Heroin«.

Es gab noch dieses eine verlängerte Wochenende in Dresden, da standen Sie mit ihm, dem erfolglosen Autor, eng umschlungen vor der Frauenkirche. Es nieselte, was schön war; zwischen den Gesichtern: die Schraffur des Regens. Sie scherzten über Passanten, die in dicke Mäntel gehüllt um ihre Zweisamkeit kreisten wie ferne Planeten. Und nachts im Hotel verschränkten sich nach einer langen Durstphase noch einmal Arme und Beine ineinander. Heute denken Sie, Sie hätten ihn ohne dieses Glück von Dresden niemals verlassen. Denn zurückgekehrt in die gemeinsame Wohnung, trank ihr Freund wieder Wein minderer Güte und aß kalte Spaghetti. Es wurde wieder geredet über seine fehlende Anerkennung! Die Missachtung seines Talents! Den Schmerz über seine in mühsamen Nächten abgefassten Romane, die keiner kaufen wollte. Ach, dieses aufs Neue entflammte Kreisen um seine Probleme kam einem Treuebruch gleich, einer Auslöschung jeglicher Hoffnung.

Und jetzt, nach dieser sechsjährigen Beziehung und der sich anschließenden Trauerphase (während der Sie selbst dem Alkohol zugeneigt waren, wenn auch teurem), sind Sie natürlich in Liebesangelegenheiten etwas aus der Übung.

Aber das könnte was werden mit dem Neuen! Vor wenigen Tagen haben Sie ihn auf einer Vernissage kennengelernt und gleich drei Cocktails getrunken, so anregend war das Gespräch. Ein Mann in Ihrem Alter, jemand, den man vorzeigen kann. Ihm fiel während des Gesprächs spontan ein Nietzsche-Aphorismus ein (»Die einen werden durch großes Lob schamhaft, die anderen frech«). Und in seine verwegenen Geheimratsecken konnte man sich richtig vergucken.

Er ist Maler, schon wieder ein Künstler, Sie haben halt eine Neigung zu dieser Männergattung, aber er wirkt ganz aufgeräumt und verhältnismäßig erfolgreich ist er auch mit seinen Bildern. Nicht die allererste Liga, aber sein großformatiges, düster-surreales Gemälde, das einen Ochsen am Strand zeigt, wird hier und da von Galeristen und Kritikern anerkennend erwähnt, wie Sie durch googlen herausgefunden haben.

Beim zweiten Treffen wartet er bereits auf Sie, hilft Ihnen, während er einen kleinen Scherz macht, aus dem Mantel, bestellt, als Sie zustimmend nicken, zwei Aperitifs. Schönes Lokal, gut besucht, kannten Sie gar nicht, kleine Tische, über die man sich beugen kann, um Vertrauliches zu besprechen, die Kellner sind besonders exaltiert italienisch, die Einrichtung nicht zu schick, fast ein wenig bäuerlich, was aber bewusst anachronistisch gemeint ist und deshalb gefällt.

Sie stoßen an: auf den Abend. Sie sprechen über Ihre kraftraubende Arbeit, Sie verantworten nämlich gerade ein großes, die Modezeitschriftenwelt völlig revolutionierendes Relaunch, und wären da nicht die unfähigen Kollegen, würde alles viel rascher gehen.

Er unterbricht Sie kurz, nicht unsouverän, da er Ihnen dabei ruhig in die Augen schaut und sagt, fast feierlich, Sie sähen wunderbar aus. Das gefällt Ihnen. Sie blicken kurz beschämt auf die Tischdecke, aber weder zu lange noch ablehnend, lenken das Gespräch dann, um nicht allzu eitel zu wirken, auf seine Malerei. Sie sagen, dass Sie sich sein berühmtes Ochsenbild im Internet angeschaut haben und dass es, es sei schwer, so etwas in Worte zu fassen, ja, aber wenn Sie es versuchen dürften, gut, also, dass es eine melancholische Kraft ausstrahle, von der man auf geradezu unheimliche Weise gebannt sei.

Kurzum: Es wurde spät. Und nach dem Limoncello, den es frei Haus gab, da man sich an allerhand Speisen gelabt hatte und nicht müde wurde, sie auch wortreich gegenüber dem Personal zu loben, waren Sie sich sicher, die Gelegenheit ergreifen zu dürfen, streiften mit ihrem Schuh auf nicht unbeholfene Weise, nämlich wie aus Versehen, sein Bein, beugten sich über den Tisch, und den verbliebenen Gästen war das Schauspiel eines innigen, einer Fotografie würdigen Kusses vergönnt, der sich sehr in die Länge zog.

Dass der Maler sich zwei Tage nach einer anschließend geradezu rauschhaft verbrachten Nacht nicht wieder gemeldet hatte, beunruhigte Sie noch nicht. Der vermeintliche Rückzug gehört ja zum Spiel dazu. Erst nach Ablauf des dritten Tages, den Sie mit heftigen Wortwechseln in der Redaktion verbracht hatten, waren Sie besorgt und schrieben, nur ein wenig betrübt, denn Sie hatten gehofft, dass er sich zuerst melden würde, eine bewusst gut gelaunte SMS, die mit der Verheißung eines baldigen Treffens schloss.

Er meldete sich erst am nächsten Nachmittag: »Gerne, aber im Moment wahnsinnig viel Stress, melde mich nächste Woche. Liebe Grüße!«

Ein bisschen enttäuschend war das durchaus, das mussten Sie sich schon eingestehen, aber Sie erinnerten sich vage, dass er während des Abendessens von einer etwas schwierigen Phase in seiner Malerei sprach, sicherlich ging es ihm gerade nicht so gut. Kann man verstehen, haben Sie doch auch manchmal Tage, in denen Sie die Nase nicht aus dem Fenster stecken möchten. Er hat zwar alles in allem einen ausgeglichenen Eindruck hinterlassen, aber, wenn

Sie sich recht erinnern, war da auch immer wieder etwas sehnsüchtig Gebrochenes in seinen Augen, was schwer zu beschreiben war. Deshalb beschlossen Sie erst nach einigen Tagen, sich mit einer weiteren SMS zu melden, auf die aber keine Antwort mehr erfolgte.

Ihre beste Freundin erst, da Sie schlechter Stimmung waren, hatte Ihnen dann die Augen geöffnet. »Mensch!«, rief Sie am Telefon, »mach doch nicht dauernd denselben Fehler. Der ist doch viel zu kompliziert für dich!« Das hatte, da es mit Verve ausgesprochen worden war, Eindruck auf Sie gemacht.

Als einige Zeit später das Relaunch sich mühsam von einer entscheidenden Phase in die nächste schleppte, wurde hier und da in den Feuilletons das neue Buch ihres Ex-Freundes besprochen, bald schon war von einem »literarischen Überraschungserfolg« die Rede. Kurz darauf sahen Sie den dünnen Band, ein Vielschreiber war er ja nie gewesen, auf der Bestsellerliste. Platz 7! In einer Kultursendung am Abend, Sie wollten sich eigentlich von der Arbeit erholen, wurde ein homestoryhafter Beitrag über ihren Ex-Freund gesendet, der während eines ebenso wortreichen wie amüsanten Interviews in seiner Wohnung zu sehen war. Es gab zwei kurze Einstellungen, da war auch seine Freundin mit im Bild. Von der hatte sie nichts gewusst. Sie sah jung aus.

Man konnte nicht behaupten, dass Sie an diesem Abend gut eingeschlafen wären. Sie lagen wach im Bett, unfähig, diverse Gedanken zu verdrängen, und begriffen irgendwann mit Sorge, da ein langer Arbeitstag auf sie wartete, dass bereits der Morgen graute.

Ach, Sie haben doch alles richtig gemacht: den Freund verlassen, als die Liebe verklungen war, einen anderen Mann begehrt, den Sie nach allen Lehren der Verstellungskunst verführt haben. Und doch nimmt die Geschichte ein ungutes Ende. Leider schien er sich als zu kompliziert herausgestellt zu haben. Und das lag an Kairos, dem griechischen Gott des rechten Augenblicks, der selten nur verrät, ob die günstigen Gelegenheiten, die er den Menschen schenkt, segensreich sind. Kairos hat Flügel an den Beinen. Dem Mythos nach, heißt es, er sei ungeheuer mächtig und unberechenbar, er fliege wie der Wind.

Immer kommt es auf den bestmöglichen Zeitpunkt an, den es zu nutzen gilt: Ein zu später Angriff, und der Gegner hat bereits nachgerüstet; eine Mail, die im ersten Moment des Zorns versendet wird, bringt Unheil; in einem Augenblick zu reden, da Zuhören weitaus angebrachter wäre, ist sehr unklug. All das kann erlernt werden. Auch in einem kleinen Restaurant eine amouröse Gelegenheit zu ergreifen ist eine mühsam erlernte Fertigkeit, die sich mit Leichtigkeit tarnt. Doch bleibt sie, die Gelegenheit, immer ein Kind des Zufalls. Und dass die Gelegenheit, auch die genutzte, einem für immer Glück bringt, vermag niemand zu sagen. Sie setzt der Verstellungskunst bisweilen eine bittere Grenze.

9 Vor wem man sich hüten sollte

Bereits zweimal wurden Sie dazu aufgefordert, in eine andere Person zu schlüpfen: in die Frau Anfang vierzig und den Mann, der die schonende Abwehr verliebter Frauen beherrscht. Das ist ein bewusst eingesetztes Stilmittel, um eine Eigenart der Verstellungskunst kenntlich zu machen: Wer sich verstellt, verhält sich wie der Meeresgott Proteus, der sich in einen Löwen, eine Schlange, einen Leoparden, einen Eber, in Wasser und in einen Baum verwandeln kann. Wer sich verstellt, vermag sich hineinzuversetzen in fremde Charaktere, in Begehrlichkeiten des Gegners, in ein anderes Geschlecht, in die Lebensläufe seiner Konkurrenten. Und er vermag, wenn die Not es verlangt, ihre Rolle sich anzueignen, einem Schauspieler gleich, der in seinem Schöpferrausch als Privatperson nicht mehr wiederzuerkennen ist.

Die Verstellungskunst gleicht dem Lesen, wenn wir uns verführen lassen, der Liebe, wenn wir die Welt durch andere Augen zu sehen vermeinen.

Allerhand Strategien haben wir bereits kennengelernt: Wir haben gesehen, wie man möglichst geschmeidig Verliebte auf Distanz hält; wie ein wahrhaft gebrochenes Antlitz simuliert werden kann;
warum es weitaus sinnvoller sein kann, zu schweigen, als zu reden; weshalb große Erregungen ge-
dämpft werden müssen. Die glückliche Gelegenheit
ergreifen wir gern, unsere Affekte bleiben dabei gezügelt, unsere Absichten stets verborgen. Auch wenn
wir feststellen mussten, dass der böse Zufall unsere
Pläne immer wieder auch durchkreuzen kann.

Sowohl das Privat- als auch das Berufsleben hatten
wir im Blick, da sich mittlerweile beide Ebenen ver-
mischen. Dank Handy und E-Mail sind wir jederzeit
verfügbar für unseren Arbeitgeber, und manche haben diese Medien derart verinnerlicht, dass sie auch
am Wochenende ihre geschäftlichen Mails lesen und,
mit nur unterdrücktem Ärger, den dringenden Anruf
ihres Chefs entgegennehmen oder eine seiner nicht
weniger dringlichen SMS' beantworten. Während
der Arbeit wiederum sind wir jederzeit verfügbar für
unsere Freunde, Ehepartner oder Eltern, die sich
längst an die Entgrenzung von Freizeit und Arbeit ge-
wöhnt haben: »Ich weiß, du hast zu tun, mein Sohn,
aber sag mal, kommst du am Wochenende zum Essen?« – »Schatz, kannst du bitte nach der Arbeit noch
frisches Pesto besorgen? Danke!«

Nur angedeutet haben wir bislang, gegen wen wir
uns zu wappnen haben, wenn wir uns verstellen. Wer
kann uns besonders gefährlich werden? Naturgemäß
die unmittelbaren Konkurrenten im Berufsleben, mit

denen wir uns im lebhaften Wettstreit befinden, und unsere Nebenbuhler, wenn es eine Frau, einen Mann zu verführen gilt.

Die Konkurrenten wollen uns stürzen, doch ihre Missgunst tritt durch die zivilisatorische Triebhemmung häufig nur als verstellte an uns heran. Sie suchen uns nicht zu würgen. Doch das macht sie nur weniger durchschaubar. Denn weitaus gefährlicher als ihr blanker Hass ist ihre Schmeichelei. Überaus misstrauisch sollten wir immer sein, wenn eine blendende Freundlichkeit uns begegnet.

Es gibt Menschen, auf die ein besonderes Augenmerk gelegt werden muss, wenn wir mit ihnen in Konkurrenz treten. Besonders geschickt in der Verstellungskunst und daher immer besonders gefährlich sind Aufsteiger, die mit zäher Geduld sich nach oben gekämpft haben, sie werden, gegen alle Wahrscheinlichkeit, französischer Präsident oder Bundeskanzler. Denn sie verharren, was ein großer Vorteil ist, immer mit einem fremden Blick auf der Gesellschaft, die sie nun erobert haben, in die sie aber nicht blind hineingewachsen sind. Sie durchschauen die Nuancen des Verhaltens weitaus besser als jene, die niemals anders gelebt haben.

Der Soziologe Georg Simmel hat denjenigen, der eine Gesellschaft am besten begreift, als den »Fremden, der bleibt« bezeichnet. Der Fremde, der bleibt, das kann der Zugezogene sein, der Aufsteiger, der vom eigenen Körper Gekränkte, der einst Gehänselte. Durch einen Makel stand er stets im Abseits, durch einen unschönen Sprachfehler, ein Humpeln oder durch seine Herkunft, doch durch die Beobachtung seiner Umgebung erlernte er die tückischsten Künste.

Mit dem Interesse des Naturforschers, der sich über eine seltene Blume beugt, nimmt der Fremde, der bleibt, der also auf ewig zumindest partiell abseits Stehende, feinste Verästelungen im Gefüge der Menschheit wahr. Deshalb können Sie sich glücklich schätzen, wenn Sie zu den Fremden, die bleiben, gehören. Wenn nicht, sollten Sie, Proteus gleich, ihre Maske aufziehen.

Nicht zufällig sind die größten Verstellungskünstler der Weltliteratur, beispielsweise Shakespeares großer Intrigant Richard III., von ausgesprochen hässlicher Gestalt. Indes, das Schicksal hat sie, die zunächst Ausgegrenzten, zu kenntnisreichen Beobachtern ihrer Umgebung gemacht. Denn ihre Schwächen haben sie in Waffen verwandelt, ihre Gebrechen in Vorteile. Georg Christoph Lichtenberg, ein Aphoristiker der Aufklärung, bucklig und klein von Gestalt, sagte: »Sobald einer ein Gebrechen hat, so hat er seine eigene Meinung.« Paris, der blühend schöne Feigling der Antike, der Frauenversteher, ist nicht mit Muskelkraft gesegnet. Er erlegt Achill, den stolzesten Kämpfer, mit einem listigen Schuss in die Ferse. Und nicht etwa im offenen Schwertkampf, da wäre er ihm gewiss hoffnungslos ausgeliefert gewesen.

Es gibt Philosophen, die aus der körperlichen Schwäche der Menschheit selbst ihre unbändige Lust an der Verstellung abgeleitet haben. Da Menschen der Hörner und Hauer entbehrten, bedurften sie des Giftpfeils. Statt mit roher Gewalt kämpften sie mit Fallen, in die das muskulöse Opfer sich heillos verstrickte. Das präge uns noch heute: Denn nicht Klauen, die uns reißen, gelte es tagtäglich zu fürchten, sondern die mit Engelszungen verbreiteten Lügen der scheinbar Unterlegenen. Das, in etwa, sei Zivilisation, sagt Nietzsche.

PS: Baltasar Gracián hat noch einen Personenkreis ausfindig gemacht, vor dem man sich hüten sollte. Er gab den Ratschlag: »Sich nicht mit dem einlassen, der nichts zu verlieren hat.« Wer nichts zu verlieren hat, kann alle Vorsichtsmaßnahmen außer Acht lassen und uns mit roher Gewalt angreifen. Ihm ist es egal, wenn er Schaden davonträgt. Wer nichts zu verlieren hat, steht außerhalb der Zivilisation. Glück hat, wer ihm nie begegnet.

10   Sich entschuldigen können

Keine Strategie darf überreizt, keine Kunst zur durchschaubaren Masche werden. Unklug wäre es beispielsweise, es mit dem Sich-Entschuldigen zu übertreiben. Es gibt Menschen, die sich furchtbar oft entschuldigen. Sie fassen einen am Abend roh an, beleidigen einen, und am nächsten Tag kommt dann der mit zerknirschter Stimme vorgebrachte Entschuldigungsanruf. Es heißt dann, ja, man sei betrunken gewesen, das habe man nicht so gemeint, natürlich denke man durchaus nicht, dass der am Abend zuvor im Eifer des Alkoholkonsums als »verlogener Blödmann« Bezeichnete in Wahrheit ein verlogener Blödmann sei. Es sei dem Beleidiger ungeheuer peinlich, er habe sich im Ton vergriffen. Ob ihm vielleicht Verzeihung zuteil werden könne? Das muss man dann von Fall zu Fall entscheiden.

Ab einem gewissen Stadium fast jeder Liebesbeziehung tritt die Entschuldigungsphase ein. Die Entschuldigungsphase umschließt das notorisch wiederkehrende heftige Streiten mit anschließender Versöhnung. Dann sagt man: »Sorry, mein Engel, ich wollte nicht so brüllen.« – »Ja, Schatz, dieser Satz mit dem schlechten Sex, den wir angeblich seit Jahren haben, der war kränkend. Er stimmt auch gar nicht!« – »Meine Andeutung, ja, dass du etwas zugenommen hast, die tut mir leid. Vor allem, weil es mich gar nicht stört! Es steht dir!«

Spätestens drei Tage danach gibt es wieder Streit, und wieder erfolgt die von Entschuldigungsorgien flankierte Versöhnung. Das geht so eine Weile, bis es, man ist des Streitens müde, zum Versöhnen längst zu spät ist. Denn ist einmal die Entschuldigungsphase eingetreten, ist das einst prächtig in der Sonne glitzernde Schiff der Liebe von Gewitterwolken, die sich schwerlich nur verziehen, längst umhüllt. Daher die erste Regel, Entschuldigungen betreffend: Mit Anlässen geizen, die einem Entschuldigungen abverlangen könnten, mit Zorn immer sparsam umgehen und niemals unbedacht vor sich hinreden.

Bei schlimmen Vergehen wird sich übrigens gern auf unbeholfene Weise auf ein Missverständnis berufen. Man sei falsch verstanden worden. Schön zu beobachten war ein derartiges Szenario im Jahr 2007. Bundestagsvizepräsident Wolfgang Thierse hatte sich folgendermaßen über Ex-Kanzler Helmut Kohl geäußert: »Seine Frau im Dunkeln in Ludwigshafen sitzen zu lassen, wie es Helmut Kohl gemacht hat, ist kein Ideal.« Thierse hatte damit eine Entscheidung von Vizekanzler Franz Müntefering zu erklären versucht, der aufgrund einer Erkrankung seiner Frau zurückgetreten war. Hannelore Kohl, die Frau des früheren

Bundeskanzlers, hatte bereits während dessen Amtszeit unter einer Lichtallergie gelitten und sich das Leben genommen.

Auf den wenig schmeichelhaften Satz Thierses konnte die gegnerische Partei mit bebender moralischer Entrüstung reagieren. So ein Satz ist immer ein unverhofftes Geschenk, das andere zu nutzen wissen. Thierse sagte zunächst, er sei missverständlich, nämlich verkürzt zitiert worden. Als die bebende moralische Entrüstung dennoch nicht abklang, entschuldigte er sich dann doch sehr nachdrücklich. Und Helmut Kohl wurde der schöne Moment beschert, die Entschuldigung Thierses, seines alten Widersachers, während einer öffentlichen Veranstaltung generös anzunehmen.

Die zweite Regel, Entschuldigungen betreffend, lautet daher: Ein Satz, der kursiert, lässt sich, unabhängig davon, ob er nun so oder ein klein wenig anders gesagt worden ist, nicht mehr wegdiskutieren. Hier hilft nur, so schwer es auch fällt, eine uneingeschränkte Entschuldigung.

Es gibt auch Entschuldigungen, die einem regelrecht nützen können. Nehmen wir an, Sie sind ein sehr berühmter und sehr reicher Winzer, mächtig von Erscheinung, auf vorteilhafte Weise untersetzt. Ihr Riesling aus der Pfalz ist auf dem Weltmarkt ein rares, begehrtes Gut. Einer ihrer Auszubildenden, ein schmächtiger junger Mann mit verhaltenem Bartwuchs, stößt versehentlich eine Flasche Spätlese um. Und zwar während einer Ihrer weithin gerühmten Weinproben, die Sie regelmäßig im erlesenen Kreis von Geschäftsleuten veranstalten. Die Flasche fällt auf derart unglückliche Weise, dass sie auf dem Tisch zerspringt und sich ihr Inhalt auf der Bluse der Gattin eines bedeutenden Verlagsleiters ergießt, die mit einem lauten »Huh!« einen Satz nach hinten macht.

Sie verhalten sich zunächst ausgesprochen nachgiebig, ja geradezu lässig, schütteln nur den Kopf, entschuldigen sich mit Nachdruck bei der Gattin des Verlagsleiters für das Missgeschick, die sich rasch durch den nunmehr hektisch umhereilenden Auszubildenden mit Taschentüchern versorgt sieht und die ganze Angelegenheit mit Fassung, ja mit Humor trägt: »Spritziger Laden hier!«, wird sie zum Abschied sagen und Sie übermütig auf die Wange küssen, was Sie sich lachend gefallen lassen werden.

Erst nach der Veranstaltung packen Sie Ihren Auszubildenden am Hemdsärmel: Ob er zwei linke Hände habe, fragen Sie mit glühendem Zorn, und ob er zu dumm sei, die Gäste zu bedienen? Und: Dass Sie hoffen, dass dies niemals wieder passiere, sonst könne er wieder in Kasachstan, wo er herkomme, seine Schafe züchten oder sonst was mit ihnen machen!

Nach einer ersten, stammelnd vorgebrachten Entschuldigung des Auszubildenden, der übrigens tatsächlich mit seinen Eltern als Spätaussiedler aus Kasachstan in die Pfalz kam, bemerkten Sie nicht ohne Beunruhigung, dass auch etwas gekränkter Stolz sich in seinen unterwürfigen Blick mischte. Das hätten Sie nicht sagen dürfen, diese Kasachstan-Schafe-Sache, Sie sind mit Ihrem pädagogisch inspirierten Wutausbruch vielleicht einen kleinen Schritt zu weit gegangen. Denn Sie wissen, dass der Nachwuchs, den sie heranzüchten, teilhat an den meisterhaften Fähigkeiten eines überaus erfolgreichen Winzers. Irgendwann könnte dieser kleine, gar nicht so dumme Aufsteiger Ihnen noch gefährlich werden. Deshalb sagen Sie nach zwei Tagen überaus großherzig, dass Sie sich im Ton vergriffen hätten, dass Sie im Großen und Ganzen sehr mit ihm zufrieden seien und dass er zum Winzertum Talent habe. Dass er aber, das sagen Sie nun halb scherzend, trotzdem das nächste Mal achtsamer mit den Flaschen umgehen solle. Dann zaubern Sie das Lächeln eines alle Übel der Welt verzeihenden Großvaters hervor und klopfen dem Auszubildenden auf die Schulter, der Ihnen jetzt mit noch größerer, da erneuerter Bewunderung zugeneigt ist.

Ja, der Lehrling denkt nun sogar, dass der gekränkte Stolz, den er schmerzhaft empfand, als er von Ihnen gerügt wurde, ein wenig übertrieben war. Muss er auch immer mit so einer überreizten Empfindlichkeit durch die Welt laufen? Es sei doch alles in allem ein berechtigter Zorn gewesen, den Sie empfanden, sagt er sich nun, und nimmt sich vor, in Zukunft etwas aufmerksamer zu sein, wenn Sie Gäste empfangen.

Dritte Regel, Entschuldigungen betreffend: Menschen, die selten in Verlegenheit geraten, sich entschuldigen zu müssen, steigern durch eine wohlgesetzte Entschuldigung ihr Ansehen. Eine Handlung im Nachhinein entschuldigend zu revidieren, zeugt bisweilen von Großmut. Vor allem, wenn Sie dabei den Eindruck hinterlassen, Ihre Entschuldigung sei eigentlich gar nicht notwendig gewesen. Ihre Entschuldigung erscheint so als ein generöses Entgegenkommen angesichts überspannter Ansprüche. Sie mögen andere verletzt haben. Doch die von Ihnen Verletzten haben fälschlicherweise nunmehr Ihnen gegenüber ein schlechtes Gewissen.

11 Hin und wieder verletzt wirken

Verletzt zu sein, eines Satzes wegen oder einer Tat, ist wenig nützlich. Verletzt zu wirken indes sehr. Denn kaum etwas bindet Menschen stärker an einen als ihr schlechtes Gewissen, das bewusst zu erzeugen von einer hohen Kunst zeugt.

Als das Telefon klingelte, zögerte Stephan kurz, ob er drangehen sollte. Das Display zeigte keine Nummer an, die war unterdrückt worden, und so ahnte er bereits, dass seine Mutter am anderen Ende der Leitung darauf wartete, unterhalten zu werden. Er irrte sich nicht. Sie hörte sich an wie immer, sprach, indem sie ihre Ausführungen mit Ach-Ja- und Was-soll-man-machen!-Ausrufen immer wieder unterbrach, also in einem leidvollen, von Anklage nicht ganz freiem, rheinischen Tonfall. Vater, ach ja, ihm gehe es gar nicht gut, sagte Mutter. Er sitze im Sessel und schweige. Es sei schlimmer als jemals zuvor. In allerdunkelster Geistesverfassung hocke er herum, nur manchmal, sagte sie, tapse er in die Küche, um sich mit einer Scheibe Käse oder einer Flasche Bier zu versorgen.

Stephan ahnte, was nun unweigerlich folgte: die lange, bereits in mehreren Telefongesprächen entfaltete Geschichte von Vaters Frühpensionierung. Zuerst wurde Vaters stolzer Aufstieg bei der Post erzählt, damals, in der guten alten Zeit, als sich die »Nachbarn noch untereinander grüßten«. Dann folgte der Bericht von der Abspaltung der Telekommunikationssparte vom Staatsunternehmen, wo Stephans Vater zwar noch einige Jahre eine aufgrund von Rationalisierungsmaßnahmen an sich nutzlos gewordene Verwaltungsstelle innehatte, bis man ihm nahelegte, einer Vorruhestandsregelung zuzustimmen, die nur mit wenigen finanziellen Nachteilen gegenüber einer weiteren Beschäftigung verbunden sei.

»Du kennst ja Vater«, sagte Mutter, »der brütet hier vor sich hin«; sie mache sich Sorgen, er habe ja auch noch dieses Nierenleiden. Eigentlich müsse man gegen diese Frühpensionierung einmal gerichtlich vorgehen! Aber es helfe einem ja niemand.

»Fahrt doch mal weg!«, sagte Stephan. »Ein paar Tage ans Meer oder in die Berge. Ihr seid doch früher auch gewandert!«

Stephan hatte diesen Vorschlag schon des Öfteren unterbreitet, doch er bekam die Antwort, die er bereits unzählige Male erhalten hatte. Das ginge nicht, diese Autofahrerei vertrage sie, Mutter, nicht mehr, ihres Rückenleidens wegen. Die Bahn hingegen sei so teuer geworden. Natürlich fahre man schon noch mal weg, aber nicht jetzt. Ob er aber nicht Lust habe, mal vorbeizukommen? Ein Wochenende nur. Das nächste zum Beispiel. Vater würde sich bestimmt sehr freuen!

»An sich gern«, sagte Stephan, entschuldigte sich aber mit einem Vorentwurf, der in zwei Wochen fertig werden müsse, der Grund, weshalb er überhaupt keine Zeit habe.

Mutter schwieg. Dann sagte sie betont leise, dass sie enttäuscht sei. Und wieder lauter: Gerade jetzt, wo es Vater so schlecht gehe, ihr Sohn aber derart schroff reagiere, da müsse sie schon sagen, das hätte sie nicht gedacht.

Das sei nicht schroff gemeint gewesen, er müsse nur diesen verdammten Vorentwurf fertigstellen, sagte Stephan mit aufkeimendem Zorn.

Das habe er schon vor fünf Wochen behauptet, sagte Mutter. Ob er sie anlüge, fragte sie noch. Dann hörte Stephan ein gebrochenes Schluchzen, seine Mutter fragte, ob sie ihn später noch einmal anrufen dürfe, sie könne gerade nicht mehr. Dann legte sie auf.

Und trat, sich augenblicklich wieder fassend, mit nicht wenig Schwung ins Wohnzimmer, in dem ihr Mann tatsächlich im Sessel saß. Allerdings recht vergnügt, da er ein spannendes Bundesligaspiel verfolgte und es sich zwischen Kissen, eine weiche Wolldecke über die Beine gelegt, mit größter Behaglichkeit eingerichtet hatte. Seine Frau stand lächelnd vor ihm, einen Arm in die Hüfte gestemmt, und sagte: »Stephan kommt nächstes Wochenende vorbei!« – »Na, das ist doch schön!«, sagte ihr Mann, dann könne man ja mal einen Spaziergang machen. Daraufhin, mit einer wegwerfenden Handbewegung, bat er seine Frau zu schweigen, da ein womöglich spielentscheidender Eckstoß der Ausführung harrte.

Stephan, der tatsächlich einen Vorentwurf für ein Seminar fertigstellen musste, der Abgabetermin war allerdings erst in vier Wochen, schritt unruhig in seinem Zimmer umher, wütend darüber, aus derart kleinen Verhältnissen entsprungen zu sein, dass seine und die Lebenswelt seiner Eltern mittlerweile, denn er war vor einigen Jahren zum Studium in die Hauptstadt gezogen, weit auseinanderklafften. Fernen Kontinenten gleich, dachte er kurz, auf denen die Sitten und Gebräuche so unterschiedlich seien, dass eine Verständigung bei wechselseitigen Besuchen nur mit größter Mühe gedeihe.

Das ist anders als bei den meisten meiner Freunde, dachte Stephan. Kirsten zum Beispiel, seine WG-Mitbewohnerin. Deren Mutter ist Journalistin. Einst war sie politisch engagiert, heute trinkt sie häufig mit Kirsten Wein in der Küche und erzählt von ihrer eigenen, im Tochterleben gespiegelten Jugend. Konflikte werden zwischen den beiden mit leichten Scherzen ausgetragen. Manchmal ermahnt die Mutter Kirsten, nicht so strebsam und brav zu sein. Seit drei Jahren sei sie schon mit ein und demselben Freund, einem ziemlich aufgeräumten Jura-Absolventen, liiert. Ob das nicht unnatürlich sei? Dann lachen Tochter und Mutter immer sehr herzhaft und stoßen mit ausgesprochen bauchigen Weingläsern an. Für gewöhnlich gehen sie noch gemeinsam in ein Restaurant und setzen das Gespräch über Männer, die Köpfe vertraulich zueinander gebeugt, fort.

Stephan trat ans geschlossene Fenster. Unvorstellbar, dachte er, dass er jemals so inniglich vor seinem

Vater oder seiner Mutter sein Seelenleben ausbreiten könnte. Er blickte auf die vierspurige Straße. Es dämmerte, die meisten Autos hatten bereits die Scheinwerfer eingeschaltet.

Seine Eltern hatten es schon schwer gehabt, dachte er. Diese rheinische Enge, der sie entstammten, dieser dort übliche, alle Vernunft überschreitende Wasch- und Putzzwang im gepflegten Mehrfamilienhaus, der Filterkaffee, während man überall um sie herum bereits Espresso trank.

Doch dieses Leben schien ihm nur scheinbar gestrig, vielmehr hatte es, dachte er sich, eigentlich nichts mehr gemein mit der kleinbürgerlichen Welt vergangener Zeiten. Er erinnerte sich an seinen Großvater. Während einem seiner behäbigen Spaziergänge hatte ihn vor fünf Jahren der Schlag tödlich getroffen. Spaziergänge, die er zuletzt, eines Augenleidens wegen (Makula-Degeneration), nur mühsam am Stock, den Gehsteig sich vorantastend, vollziehen konnte und dabei stoßweise aus seinem Leben erzählte. Vom Krieg, von der Eckkneipe, seinen Freunden, seiner Frau, die längst, nach kurzer und rasch verlaufener Krankheit, verstorben war und vom stolzen Elektrikerdasein, von Reparaturen irgendwelcher Leitungen, woraufhin er mit den Kunden noch Zigaretten rauchte und Schnaps trank.

Dieses Eckkneipenleben, dachte Stephan, den Blick starr auf den sich zäh dahinfließenden Verkehr gerichtet, ist seinen Eltern verwehrt. Irgendwann, er war noch Gymnasiast, wurde die Eckkneipe, an der immer mit furchtbar zittriger Kreideschrift, wie er sich erinnerte, auf einer an der Außenwand befestigten Tafel Speisen angepriesen worden waren, geschlossen. An den von innen mit Zeitungspapier beklebten Fensterscheiben war seit geraumer Zeit schon ein »Zu vermieten«-Schild angebracht, welches witterungsbedingt ziemlich ausgeblichen war.

Ein Leben führten seine Eltern, dachte Stephan und fasste sich an die Stirn, das jeglicher Geselligkeit entbehrte. Eigentlich, wenn er es recht überlegte, hatten sie nur – ihn. Schamvoll griff er zu seinem schnurlosen Telefon und kündigte seinen Besuch an. Seine Mutter sagte: »Na, was für eine schöne Überraschung!«

Wie sinnvoll es doch ist, hin und wieder sich gekränkt zu zeigen, um ein bestimmtes Ziel zu erreichen! Immer lebe man so, dass man anderen eine säumige Rechnung vorhalten kann; Schuldner um sich zu wissen heißt, mächtig zu sein. Nicht selten haben Eltern es darin zu wahrer Meisterschaft gebracht. Doch auch im Berufsleben ist diese Strategie unbedingt zu beherzigen. Wer einen Kollegen hat, der einen übertrieben aufbrausend auf einen Fehler, eine kleine Unaufmerksamkeit hinweist, um sich Respekt zu verschaffen, muss nicht unbedingt sogleich zurückkeifen. Er kann, was bisweilen weitaus schlagkräftiger ist, ein von großer Kränkung gezeichnetes Gesicht ihm entgegenhalten. Das vermag den Gegner, der sich nun unangemessen verhalten zu haben glaubt, dergestalt zu irritieren, dass er das Büro des Angegriffenen im unguten Glauben verlässt, er habe eine offene Rechnung erzeugt, die sich, wer weiß, noch rächen könnte.

12 Auszuteilen verstehen

Unmittelbar vor Beginn einer Tagung zu Giovanni Boccaccios »Dekameron«, einer bedeutenden italienischen Novellensammlung aus dem 14. Jahrhundert, standen die Vortragenden in geselliger Runde in einem Festsaal der Universität. Darunter: Ein älterer Hochschullehrer, Professor Meierwitz, und ein ambitionierter Nachwuchswissenschaftler. Professor Meierwitz, um den Jüngeren, der zu gewagten Theoriebildungen neigte, zu demütigen, sagte die unfeinen Worte: »Na, mein lieber Kollege, werden Sie uns heute wieder mit Ihren unseriösen Thesen behelligen?« Dann lachte er laut auf, blickte um sich mit seinen kleinen, von rötlichen Wimpern umsäumten Augen, um Zustimmung zu erheischen.

Der Jüngere sagte nicht: »Und Sie, mein lieber Kollege? Werden Sie uns heute wieder mit Ihren seit dreißig Jahren unermüdlich vorgetragenen Beobachtungen über Boccaccios Verhältnis zur höfischen Welt langweilen?«, oder etwa: »Werden Sie wieder zu einem Ihrer berüchtigt langatmigen, die Fachkollegen zum

Nasebohren und Gähnen verleitenden Vorträge ansetzen, für die sich längst keine Kirchenmaus mehr interessiert?« Nein, das sagte der Nachwuchswissenschaftler nicht. Der Nachwuchswissenschaftler parierte mit Witz, was eine schöne Waffe ist, sagte, wie wunderbar es doch sei, dass Boccaccio, der alte Italiener, ein Werk geschaffen habe, das offenbar noch immer die Gemüter erhitze. Ob es aber nicht vorteilhafter sei, da die Tagung erst in einer halben Stunde beginne, eben diese mit einem Aperitif – er wies auf einen Tisch, auf dem Sektgläser standen – vorerst gemeinsam abzukühlen? Die Herren lachten hüstelnd, dankbar darüber, dass die gereizte Stimmung zunächst in gemäßigte Heiterkeit überführt worden war.

Übrigens, da dies ein geradezu musterhaftes Beispiel ist, wie man sich eines Angriffs erwehrt: Niemals sollte man einen Gegenangriff beginnen, wenn einem nichts Gescheites einfällt. Immer sehr unangenehm sind wirre Erwiderungen, unmäßige Zornesausbrüche usw. Wenn einem nichts Gescheites einfällt, sollte man mit einem kurzen Augenrollen lediglich die Unangemessenheit des Angriffs den Umstehenden kenntlich machen und schweigen.

Der junge Wissenschaftler, der übrigens sogenannten kleinen Verhältnissen entstammte und gewisse Ressentiments seit je althergebrachten Machtverhältnissen gegenüber hatte, revanchierte sich im Anschluss an den Vortrag Meierwitz', der, wie abzusehen war, tatsächlich sehr weitschweifend ausfiel und eher aus Gewohnheit als aus rechter Begeisterung mit solidem Applaus bedacht worden war. Es wurden Fragen an den Vortragenden gestellt, und der Nachwuchswissenschaftler hatte, von einer aus Lust an Rache befeuerten Konzentration, sich eine derart tückische Erwiderung ersonnen, dass sie Professor Meierwitz in unschöne Verlegenheit brachte; dergestalt, dass er erblasste, gestenreich auf Gemeinplätze auswich und vom Fachpublikum mitleidige Blicke erntete. Dies schmerzt einen Vortragenden stets weitaus mehr als blanke Abneigung.

Immer wichtig also: die Schwächen anderer erkennen. Wie irritiert reagieren eitle Menschen, wenn ihre Schönheit angezweifelt wird! Wie empfindlich berührt sind die sich intelligent Wähnenden, werden sie ihrer gedanklichen Beschränktheit überführt! Und die Stolzen, wenn sie ungeschickt sich zu verhalten genötigt sehen! Jeder Mensch hat eine Stelle, die besonders angreifbar ist, sie zu erspähen zeugt von Klugheit. Man hat den Menschen dort abzuholen, wo er abgeholt werden will, sein wunder Punkt, in mannigfaltigen Ausprägungen, ist seine ewige Eitelkeit, sein unauslöschlicher Geltungsdrang. So ahnte der Nachwuchswissenschaftler sehr richtig, dass Herr Meierwitz längst nicht mehr als die Koriphäe auf seinem Fachgebiet angesehen wurde wie dies vielleicht noch vor sieben, acht Jahren der Fall gewesen war, als er, durch umtriebige Aktivitäten in allerhand Gremien, zu einem hochschulpolitischen Schwergewicht gehörte. Doch eingestanden hat er sich diesen Machtverfall bis zum heutigen Tag nicht.

Und so leicht das Austeilen in dieser Geschichte

erscheint, es ist eine hohe Kunst. Denn immer gilt es, derart jemanden zu düpieren, dass man dabei den Umstehenden nicht als unangenehmer Charakter erscheint. Der Verstellungskünstler achtet sorgsam darauf, dass seine Giftpfeile als völlig gerechte und beinahe schon freundliche Erwiderung auf eine Gemeinheit erscheinen.

Ansonsten hat man einen römischen Ausspruch zu beherzigen: »Nisi caste, tamen caute«. Wenn nicht unschuldig, so sollte man heimlich zu Werke gehen. Sonst sagen nämlich alle, sich in Lauterkeit sonnend: »Was für ein unmoralischer Mensch!«, und schütteln verdrießlich den Kopf. Immer habe man sich den wunderbaren Kuckuck vor Augen zu halten. Er vermag es, sein Ei unbemerkt in ein fremdes Nest zu legen, in Gestalt und Farbe den anderen Eiern im Nest ähnelnd. Und kaum ist der Nestling auf der Welt, wirft er seine Stiefgeschwister aus dem Gelege. Seine Pflegeeltern täuscht er geschickt, denn sein Geschrei klingt wie das gemeinsame Rufen einer ganzen Brut. Doch ganz alleine hält er sein Maul auf, das brav mit Futter versorgt wird.

Der Kuckuck ist ein Einzelkämpfer und versinnbildlicht damit treffend das Schicksal des Verstellungskünstlers unserer Zeit, denn anders als es eine jahrhundertealte Intrigentradition entfaltete, gibt es kaum mehr den Komplott, der von mehreren, durch eine gemeinsame Absicht vereinte Komplizen ausgeführt wird. Die Netzwerke sind heute weitaus labiler und wechseln beständig ihre Mitglieder, als dass sich mit ihrer Hilfe ein Plan schmieden ließe. Zwar gilt nach wie vor etwa die Grundregel, dass der Feind unseres Feindes uns stets zum Freund werden soll, und vereinzelt mag man Helfershelfer noch finden, doch zu unterschiedlich sind häufig die Interessen der Einzelnen.

Die Kunst auszuteilen ist die Kunst, vom Ende her zu denken. Keineswegs voreilig hat der Nachwuchswissenschaftler zurückgeschlagen, sondern auf die günstige Gelegenheit geharrt. Immer lasse man sein Vorhaben im Dunkeln, spiele die letzte Karte erst dann aus, wenn sie sicher zum Sieg führt. Baltasar Gracián hat einst sehr richtig angemerkt, dass man bisweilen nur »durch weite Räume der Zeit« sein Ziel erreicht. Und dieses kluge Warten-Können des Verstellungskünstlers zeigt aufs Schönste, dass der luziferische Aufstand, der ihm eigen ist, die Selbstbehauptung in feindlicher Umgebung, seinen Intellekt gesteigert hat.

Über allem aber steht folgender Grundsatz: Als jemand, der mit großer Souveränität ausgestattet ist, gilt, wer es offenbar nie nötig hat auszuteilen.

13   Einzustecken wissen

Man kann nicht immer siegen. Und schön ist es, wenn Niederlagen sich selten ereignen. Doch wie sich verhalten, wenn man einmal verloren hat?

Beruflicher Misserfolg schmerzt, eine zärtlich gestandene Liebe, die unerwidert bleibt, ebenfalls. Und wie oft erlebt man, dass Gedemütigte ihre Lage noch verschlimmern, indem sie ungehalten, nervös, fahrig reagieren!

Nachdem der junge Architekt Stephan Karst erfuhr, dass sein Vertrag nicht verlängert werden würde, betrat er ein letztes Mal seinen Arbeitsplatz im Großraumbüro, um seine Unterlagen zu entsorgen. Er blickte sich um, sah seine Kollegen, die durch zumeist schwarz umrandete Brillen in geschäftiger Weise abwechselnd Bildschirme und Zeichnungen taxierten. Stephan Karst, während er sich durch das kurz geschnittene Haar fuhr, rief laut, dass er froh sei, diesen Drecksladen nie mehr wiederzusehen. Dann setzte er sich an seinen Platz, löschte in fiebriger Eile seine Mails, fuhr den Computer herunter, verstaute etwas ungelenk zwei Ordner in seiner Tasche und sagte nochmals mit lauter Stimme: »Drecksladen!«

Niemand schaute ihn zustimmend an, die Kollegen tauschten lediglich kurze, verschämte Blicke aus, einer räusperte sich, die Sekretärin stand wie zufällig auf und ging raschen Schrittes zur Toilette. Nur ein älterer Kollege, der ihm während seiner Tätigkeit immer sehr zugetan gewesen war, ging zu Stephan Karst hinüber und legte ihm seine Hand auf die Schulter. Es tue ihm leid, sagte er, und dass er ihm alles Gute wünsche. Er sei noch jung, die Welt stehe ihm offen. Dann führte er Stephan Karst hinaus.

Ein mutiger Auftritt gefällt durchaus, ein verzweifelter nicht. »Drecksladen« – das war zunächst im Triumphgefühl herausgerufen worden. Stephan Karst hatte in diesem Moment sich in der trügerischen Gewissheit gesonnt, es seinen Kollegen mal so richtig zu zeigen: dass er ihre ängstliche Angepasstheit, ihre knechtische Treue zum Architekturbüro nicht nur durchschaue, dass er sie verachte!

Doch bereits auf dem Nachhauseweg, als er in der U-Bahn saß, umgeben von Kindern, die nach Schulschluss in lauter Unruhe sich durch den Waggon schubsten, war er sich nicht mehr so sicher, ob sein Abgang so stolz verlaufen war, wie er es sich vorab ausgemalt hatte. Zunächst empfand er nur einen leisen Zweifel: Ob er womöglich etwas zu harsch reagiert hatte? Dann verwarf er seinen Zweifel, sagte sich, ach ja, herrje, man kann sich doch nicht immer zusammenreißen. Schließlich aber, sich sorgenvoll das Kinn reibend, sah er in aller Klarheit die

Demütigung, die ihm sein überreizter Gefühlsausbruch eingebracht hatte: die unangenehm berührten Kollegen!

Weniges nur ist schmachvoller als die Scham der anderen, die sie für einen selbst empfinden. Und nichts zeigte unvorteilhafter Stephan Karsts Niederlage an als das Mitleid des älteren Kollegen, der ihm die Hand auf die Schulter gelegt hatte! Stephan Karst, die Bilder allzu deutlich vor Augen, schüttelte sich kurz, wie aus einem bösen Traum fahrend.

Man sieht leicht, dass unser junger Mann sich kaum hätte ungeschickter verhalten können. Denn in vielen Niederlagen liegt bereits der Keim für den Sieg, sofern man ihm zu reifen gestattet. Zwei Monate, nachdem Stephan Karst auf unwürdige Weise aus dem Betrieb geschieden war, kündigten zwei seiner Kollegen, Olaf Herse und Frank Stretz, ihr Arbeitsverhältnis auf, um freiberuflich zu arbeiten. So gut waren die Gehälter nicht, dass sie sich dafür tagaus, tagein der straffen Organisation eines Unternehmens unterwerfen wollten: das frühmorgendliche Aufstehen, all die Konferenzen, die Erschöpfung nach Ablauf des entfremdenden Tagwerks. Sie legten ihre Anzüge ab, kauften sich Turnschuhe, mieteten ein ehemaliges Ladenlokal an, das ein wenig heruntergekommen war, aber die Aura bewusst gewählter Unfertigkeit ausstrahlte. Und welch schönes Leben begann von einem Tag auf den anderen! Wunderbare Aufträge hatten sie rasch, schließlich konnten sie auf wichtige Kontakte zurückgreifen, die sie sich während ihrer Festanstellung aufgebaut hatten. Zudem war Olaf Herses Vater, ein Lokalpolitiker, des einen oder anderen Unternehmers Busenfreund.

Oft und gern schliefen die Freunde nun lange aus, arbeiteten dann zwar durchaus emsig, aber abends kam ein DJ vorbei, der das kleine freiberufliche Büro in eine Tanzfläche verwandelte: Frauen und Alkohol veredelten den Feierabend. Ja, selbst die Lokalpresse berichtete über die beiden »jungen, erfolgreichen Kreativen«. Und eines schönen Donnerstagnachmittags, die Sonne strahlte durch die Fensterfront auf ihre zufriedenen Gesichter, erhielten Olaf Herse und Frank Stretz eine Zusage für ein Projekt, auf das sie sich vor Monaten beworben hatten. Leider hätten sie es nun selbst bei größter Kraftanstrengung, da sie bis auf weiteres ausgebucht waren, kaum verwirklichen können: den Bau eines gläsernen Speiseraums für ein altsprachliches Gymnasium!

Kurzum: Sie mussten das Büro um einen dritten Arbeitsplatz erweitern, wollten sie das ausgesprochen lukrative Angebot annehmen. Die beiden Freunde tranken erst einmal einen Espresso, dann entkorkten sie eine Weinflasche, einen Bordeaux Saint Estèphe, stießen an und beratschlagten, wen man hinzunehmen könne. Frank Stretz scherzte: »Wie wäre es mit Stephan Karst?« Olaf Herse verschluckte sich am Wein, so sehr musste er lachen: »Ja klar«, sagt er, »der zerhackt uns noch den Speisesaal, wenn er schlecht geschlafen hat!«

Im Fortlauf des Gesprächs bedauerten sie Stephan Karst dann doch ein wenig. Denn er war natürlich kein schlechter Architekt gewesen, nur pflegte der

Chef grundsätzlich fast allen Mitarbeitern, die irgendwann Anspruch auf eine unbefristete Beschäftigung hatten, den Vertrag nicht mehr zu verlängern. Bewerbungen lagen auf seinem Schreibtisch ja immer genug herum, und gerade am Anfang eines neuen Jobs waren die Leute besonders motiviert. Wozu so was ausdehnen?

Stephan Karst aber, der nicht beachtet hatte, dass ein würdiger Abgang meist deutlich wichtiger ist als der von heftigem Beifall begleitete Auftritt, lag zur gleichen Zeit im Bett, zu müde, um selbst am frühen Nachmittag in den Tag zu treten. Er war unfähig, irgendwelche Bewerbungen zu schreiben, trotz der Serotonin-Wiederaufnahmehemmer, die sein Psychologe ihm verschrieben hatte und die seine Lebenslust wiedererwecken sollten.

Er dachte an den vergangenen Ruhm. Alles hatte ja so gut begonnen! Im hart umkämpften Stellenmarkt für Architekten war man bereits früh auf ihn aufmerksam geworden. Noch während des Studiums wurde Stephan Karst für den Vorentwurf einer gewagten Häuserzeile mit einem üppig dotierten, von einer Bank ausgelobten Preis geehrt. Ein bekannter Architekturprofessor mit schütterem Haar hielt damals die Laudatio, sprach von der Zukunft der deutschen Architektur und der Kommunikation zwischen Haus und Mensch. Dann durfte Stephan Karst auf die mit Blumenbuketts reichlich geschmückte Bühne treten, stellte auf angenehm schüchterne Weise kurz das Modell seiner gewagten Häuserzeile vor, und ihm wurde, während der Applaus erschallte, eine abstrakte

Skulptur, die nur sehr vage an ein Haus erinnerte und die ein Künstler eigens für diesen Preis kreiert hatte, übergeben. An die stolzen Blicke seiner Eltern, die einfachen Verhältnissen entstammten und aufgeregt im Publikum saßen, erinnerte sich Stephan Karst nun schmerzhaft.

Das Schicksal von Stephan Karst mag uns als mahnendes Beispiel für den Grundsatz dienen, dass jede Niederlage so würdig anzunehmen ist, dass sie bereits als Bestandteil des Gegenangriffs taugt. Denn hätte er lässig seine Sachen im Büro gepackt, noch mit seinen Kollegen ein Bier getrunken, prächtige Laune simuliert, hätte er glaubhaft gemacht, dass er eigentlich ohnehin vorhatte zu kündigen – blöde Fest-anstellung! –, ja, dann hätten Olaf Herse und Frank Stretz nun womöglich um ihn gebuhlt.

Übrigens wollen wir an dieser Stelle durchaus nicht verschweigen, dass Olaf Herse und Frank Stretz nach zwei Jahren freiberuflicher Tätigkeit aufgrund einer allgemeinen Krise des Baugewerbes in die allergröß-ten Schwierigkeiten gerieten. Sie schrieben daraufhin eifrig Bewerbungen zwecks einer Festanstellung; dieses Vorhaben aber, wie man sich denken kann, war nicht unmittelbar von Erfolg gekrönt. Doch diese Tatsache schmälert keineswegs die Maxime unserer Geschichte.

PS: All dies gilt übrigens auch in Angelegenheiten der Liebe. Wer einer Frau seine Zuneigung gesteht, sehr zaghaft, etwa mit den Worten: »Du, weißt du, ich mag dich schon sehr«, und darauf zu hören bekommt:

»Ich dich auch. Aber, verstehe mich bitte nicht falsch, eher freundschaftlich«, darf keinesfalls zornig oder unterkühlt reagieren. Sondern immer mit Fassung. Nur von Ferne muss im Antlitz des Abgelehnten eine sehnende Traurigkeit liegen, ein Stolz, der die Angebetete im Stillen erschüttert. Denn wie oft wendet sich erst nach einer ersten Absage das Blatt. Die unangenehme Spannung, die vorher herrschte und die in der Unklarheit über die Beschaffenheit der Beziehung gründete, scheint zunächst gelöst: Lass uns Freunde bleiben, heißt es dann. Und man bestellt, um auf die Freundschaft anzustoßen, noch einen Wein. Dann einen zweiten. Es wird gelacht. Und unversehens finden die Körper doch noch zueinander.

Wer indes mit Entrüstung sich vorzeitig vom Spieltisch der Liebe entfernt, ist ein schlechter Verlierer, der durchaus noch hätte gewinnen können.

14   Alle blenden

Alle blenden. Der Bahnschaffner, der, nach diversen Freundlichkeitsseminaren, Ihnen neuerdings einen »wunderschönen Tag« wünscht; die vertrauensseligen Blicke auf den von PR-Büros inszenierten Politikerbildern; die gutgelaunten Kollegen in Ihrem Büro; Ihr Bankberater, der sich überaus freundlich nach dem Wohlergehen Ihrer Kinder erkundigt und wenige Minuten später zum Abschluss eines Ratenkredits drängt, während eine knapp bekleidete Mitarbeiterin herbeihastet, um Ihnen Kaffee nachzuschenken.

Flirrend unentschieden bleibt stets, ob die Gesten des Körpers unreflektierter Höflichkeit oder bewusst eingesetzter Einschmeichelungstaktik folgen. Im Zweifel gehen Sie vom Letzteren aus, wissend, dass Ersteres suggeriert werden soll. Ihr Misstrauen zeigen Sie nie offen, das gäbe Ihnen ein unfreundliches Antlitz, Sie sind stets angenehm im Umgang, von beinahe naiver Herzlichkeit. Doch Ihre Sinne sind jederzeit geschärft, wie die eines Schützen beim Elfmeter.

Alle blenden. Die Geschichte vom Winzer haben wir gehört, der seine Macht durch eine wohlüberlegte Entschuldigung steigert; vom Architekten Stephan Karst, der sich ungeschickt entrüstet, statt in der Niederlage bereits den Gegenangriff zu erspähen; vom Nachwuchswissenschaftler, der einen altverdienten Professor mit Witz düpiert; von der Mutter, die ihren Sohn durch die Erzeugung eines schlechten Gewissens an sich bindet.

Die meisten blenden, indem sie lügen. Und niemals täuschen sie, indem sie die Wahrheit sagen. Doch den Gipfel der Verstellungskunst erreicht nur, wer in beiden Strategien ein vollendeter Meister ist.

Wenn Sie jemandem begegnen, der genau so misstrauisch ist wie sie selbst, der einen großen Verstellungskünstler sich nennen darf, gilt es besonders klug zu verfahren. Er sucht mit allerlei Tricks nach ihrer Hauptneigung, um diese auszunutzen. Er schmeichelt Ihnen wortreich, damit Sie sich verraten. Er sucht nach dem Geheimnis, das ihm zum Faustpfand wird.

Es schien Ihnen, dem Journalist eines monatlich erscheinenden Kulturmagazins, kurz nach dem Aufwachen, als sei der düsterste aller düsteren Tage in diesem Winter angebrochen. Ein kleiner Spalt nur in der Wolkendecke, damit ein winziger Lichtstrahl sich erbarmte, die Gesichter zu erhellen – ach, vergeblich wartete man auf derlei Trost seit Wochen. Der Blick aus dem Fenster: ein hässliches Gemisch aus Regen und Schnee, es wehte leidend dreinblickende Passanten an, die zur Arbeit eilten mit ihren blassen Gesichtern und ihren dicken Mänteln an den zerbrechlichen Gliedern. Welche Tageszeit gerade war, das verriet nur die Uhr, die niederschmetternde Düsternis morgens, mittags und am frühen Abend war immer dieselbe. Und lediglich die finstere Nacht erbarmte sich regelmäßig, den Schlafbedürftigen in süße Träume zu ziehen, ihn für wenige Stunden aus seiner an Weltverachtung grenzenden Schwermut herauszureißen.

Sie quälten sich an diesem Morgen widerwillig in die Tram, die Sie zur Redaktion befördern sollte. Zunächst saßen darin nur Mütter mit ihren kreischenden, von der Eiseskälte erzürnten Kleinkindern, ihr Rheuma verfluchende Rentner und Selbstgespräche führende, heillos verwirrte Gestalten jedes Alters. Im Winter zeigte diese Stadt ihr wahres Gesicht: Alle lebten, so schien es Ihnen, nur aus Trotz.

Ausgerechnet Ihr Journalistenkollege Heiko Wenzel von einer von Ihnen nur wenig geschätzten, aber auflagenstarken Boulevardzeitung stieg nach drei Stationen hinzu, erspähte Sie sogleich und rief: »Ah, mein lieber Freund!« Er setzte sich umstandslos neben Sie, fluchte lautstark und lachend über das Wetter, machte einige ihm geistreich scheinende Bemerkungen über eine am Abend zuvor gesehene Talkshow, bei der sich irgendein Gast danebenbenommen hatte und sagte, er habe von einem Freund gehört, dabei blickte er aufrichtig interessiert, dass Sie seit längerer Zeit schon an einem Porträt über den Schauspieler Walter Sindman sitzen, ja, dass Sie das Glück gehabt haben, Ihn mehrmals schon interviewen zu dürfen, den scheuen Star, an den sonst niemand herankommt … Wenzel wartete Ihre Entgegnung nicht ab, fuhr fort: Es gebe ja dieses Gerücht, dass Sindman mit seiner blendend aussehenden Frau nach Deutschland zu ziehen beabsichtige? Was Sie über dieses Gerücht denken, fragte er nunmehr wie beiläufig.

Sie blicken erschrocken: »Nein, da ist nichts dran! Sindman zieht nicht nach Deutschland!« Das wüssten Sie genau, Sie hätten ihn, Sindman, erst gestern mit dieser Frage konfrontiert, und er hätte sie verneint. All dies sagen Sie unter großer Aufregung, Sie stottern leicht, versuchen sogar auf ziemlich unbeholfene Weise das Gesprächsthema zu wechseln und verabschieden sich, nachdem Sie gemeinsam im Zentrum der Stadt ausgestiegen sind, rasch, ja beinahe panisch von Wenzel, der zum Abschied Sie beinahe höhnisch anlacht.

Am nächsten Morgen blättern Sie sich am Küchentisch durch die Tagespresse. Die Zeitung Wenzels wartet mit einer kleinen Sensation auf, ringt sich nunmehr als erste von allen Boulevardblättern zur nur wenig begründeten Schlagzeile durch: »Sindman zieht nach Deutschland.«

Sie schauen aus dem Fenster: Noch immer das trübste Wetter auf Erden. Doch an diesem Tag fühlen Sie sich ein klein wenig besser. Denn alle blenden. Sie aber blenden alle, indem Sie ab und an die Wahrheit sagen.

15 Moralische Entrüstung bekunden

Stellen Sie sich einen Mann vor, er heißt Sebastian, der sich nach einer lange andauernden, beziehungslosen Zeit heftig verliebt. Wie oft hat Sebastian innerlich rastlose Abende vor dem Fernseher verbracht, sich abzulenken versucht, wie oft ist er mit seinem besten Freund, mit Christian (auch er Programmierer von Beruf), durch die Lokale der Stadt gezogen, über dies und das redend, zumeist über Immobilien oder den Job, während seine Blicke verstohlen die Frauen in Cafés abtasteten.

Als das dritte Bier an einem Freitagabend bestellt war, nahmen die beiden Freunde erneut die aus Gewohnheit geführte Diskussion über Wohnungspreise auf, wie sie sich wohl entwickeln würden in diesem oder jenem Viertel, als ihr Tisch, scheinbar wie von selbst, heftig ruckelte, da sich jemand im Vorbeigehen, das Lokal war überfüllt, darauf kurz abgestützt haben musste. »Hej!«, rief Christian empört. Die Angesprochene, er hatte zu spät bemerkt, dass es eine Frau war, drehte sich daraufhin um und schenkte ihm ein entschuldigendes Lächeln, das ihn augenblicklich verstummen ließ.

Ausgesprochen selten passiert es, dass man jemand Fremdes in einer Bar kennenlernt, von ganz flüchtigen und nichtssagenden Begegnungen abgesehen. Die beinahe gestrauchelte Frau, die der Tisch vor einem Sturz bewahrt hatte, sollten die Freunde noch ziemlich gut kennenlernen. Als sie nämlich von ihrem Toilettengang zurückgekehrt war, wurde sie von Christian, unter dem Vorwand, sich für sein empörtes »Hej« zu entschuldigen, auf ein Bier eingeladen. Und sie sagte, da er die Anfrage mit allerlei scherzhaften Bemerkungen schmückte, nicht nein. Wohl deshalb auch setzte sie sich zu unseren beiden Männern hinzu, da ihre Freundin, wie sie gleich erzählte, sie versetzt hatte. Eigentlich sei sie bereits im Begriff gewesen, das Lokal wieder zu verlassen.

Man sprach, was immer ein guter Gesprächsbeginn ist, über die Stadt, in der man lebte, über Kneipen, Restaurants, irgendwelche Stadtteile und deren Eigenheiten. Natürlich war auch schnell die Rede von beruflichen Tätigkeiten. Kirsten, so hieß die Frau, organisierte, nachdem sie ihr Studium abgeschlossen hatte, Konzerte, überwiegend für Jazz-Bands der Umgebung.

Sebastian beobachtete sie aufmerksam, sah, dass sie, wenn sie laut auflachte, mit ihrer Rechten sich durch das Haar fuhr, immer eine Spur zu hastig, auch, dass ein vorderer Schneidezahn ein winziges Stück kleiner war als sein Bruder; die einzige Verunzierung, wie ihm schien, da sie ansonsten völlig makellos aussah, ein winziger Schaden, der ihr erst recht etwas ungeheuer Anziehendes verlieh. Auch mochte er ihre leicht fiebrig vorgebrachten Begeisterungsbekundungen über diverse Jazz-Stilrichtungen (Hard Bop, Cool Jazz, Fusion Jazz). Von all dem verstand er wenig, genug aber, um sich heillos zu verlieben.

Doch wie misslaunig begriff er bald, während er sich bei aller Aufregung nur sporadisch in das Gespräch einschaltete, zumeist mit einer bemüht witzigen Anmerkung zum kurz vorher Gesagten, dass Christian und Kirsten sich länger in die Augen blickten als zur harmlosen Konversation unbedingt notwendig war, ja, dass sogar vermeintlich zufällige Körperberührungen stattfanden. Da wurde, da jemandem eine Anekdote eingefallen war, schon mal mit der Hand nach der gegenüberliegenden Schulter gegriffen usw. Einen arbeitsreichen nächsten Morgen vorschützend, verabschiedete sich Sebastian mit unterdrückter Enttäuschung und trat hinaus in die Frühlingsnacht.

Zufällig trifft er Kirsten wieder. Beim Bäcker, zwei Wochen später, es ist gegen Mittag. Durch allerlei hässliche Prahlereien von Christian weiß Sebastian, dass die beiden sich ab und an treffen. Eine noch ungeklärte Liaison hat begonnen. Ungeklärt, da Christian eine Freundin hat und nun ein wenig, scheinbar leidend, zwischen den beiden Frauen hin- und herschwankt, ohne dass eine von der Existenz der jeweiligen Nebenbuhlerin etwas ahnt.

Ob sie Lust hätte, einen Kaffee zu trinken, fragt er Kirsten. Sie lächelt und entblößt ihren etwas zu kurz geratenen Schneidezahn: »Warum nicht!«

Im Café, in dem sie, abgesehen von einer älteren Frau, die Selbstgespräche führt, die einzigen Gäste sind, wagt er, sie, einem guten alten Freund gleich, zu warnen. Er tastet sich äußerst umständlich voran, aber dann steht der Verrat nackt im Raum: Christian habe seit Jahren schon eine feste Beziehung. Er hätte, ergänzte Sebastian rasch, ihr das eigentlich nicht erzählen wollen, aber irgendwie, na ja, finde er es nicht richtig, dass sie, Kirsten, gewissermaßen aus reinem Vergnügen und ohne rechte Ernsthaftigkeit derart benutzt werde.

Ach, wer würde daran zweifeln, dass Sebastian mit dieser Offenbarung sich eigentlich recht geschickt verhalten hat! Eine moralische Entrüstung gemimt, sie sehr vorsichtig, unter allerlei Windungen vorgebracht, was daher durchaus authentisch wirkte. Doch konnte er nicht ahnen, dass Kirsten selbst, und zwar seit langer Zeit schon, in einer nur mäßig glücklichen Beziehung sich befindet (mit einem ziemlich aufgeräumten Anwalt) und daher nur laut auflacht, schnell bezahlt und, einen arbeitsreichen Nachmittag vorschützend, das Café verlässt, nicht ohne sich mit einem ausgesprochen spöttischen Blick, in dem auch Mitleid aufscheint, noch von Sebastian zu verabschieden.

Wer sich moralisch zu entrüsten beabsichtigt, merke sich daher: immer Recherchen anstellen, bevor man ethische Bedenken äußert. Um herauszufinden, ob diese Waffe beim Empfänger etwas taugt. Denn Menschen gibt es durchaus, die, wie es sich gehört, derart verschlagen sind, dass sie moralischen

Entrüstungen mit größtem Misstrauen nur begegnen. Denn durch moralische Entrüstung hat sich
noch jede Niedertracht begründen lassen: die Inquisi-
tion, der Wohlfahrtsausschuss, das auf der Folterbank
herausgepresste Geständnis. Zumeist verdeckt moralische Entrüstung, dass sie einem anderen Interesse
folgt, als sie vorgibt.

16   Zum rechten Zeitpunkt das Fest verlassen

Ein großes Vorurteil, Alkohol betreffend, ist die Behauptung, dessen Konsum trübe die Erkenntnisfähigkeit. Wer so etwas behauptet, hat selten in Unmaßen sich alkoholischen Getränken hingegeben, kaum je Partys fürchterlich schwankenden Ganges verlassen, niemals auf fremder Leute Sofagarnitur eine entfernte Bekannte unter lebhaften Zungenküssen betastet.

Nein, das Gegenteil ist wahr, Alkohol, in großen Mengen genossen, trübt keineswegs die Erkenntnis, er schärft sie bisweilen auf unangenehme Weise. Es lebt sich stets verblendeter im nüchternen Zustand, weshalb das Trinken auch so ein gefährliches Laster ist, da es Gemütsstimmungen ans Licht bringt, die vormals nur als leises Ahnen in einem schlummerten.

Wie viele Lieben sind zugrunde gegangen, da einer Frau erst während eines rauschenden Fests die betrübliche Beschaffenheit ihrer Beziehung klar vor Augen lag! Anja zum Beispiel. Sie hat sich natürlich auch in nüchternem Zustand über so manche Unaufmerksamkeit ihres Freundes Timo geärgert, der nur um sich selbst zu kreisen scheint, seitdem er überraschend Erfolg hat mit einem kleinen Café, das er vor einigen Monaten in einem nur wenig frequentierten Viertel der Stadt eröffnet hatte.

Gegen alle Ratschläge seiner Freunde hatte Timo sein sich unmäßig in die Länge hinziehendes Biologiestudium aufgegeben und zunächst vage von der Idee gesprochen, sich selbständig zu machen. Eines Tages aber, zur Bestürzung Anjas, hat er tatsächlich in einem Akt großer, und wie ihr schien, irrationaler Entschlossenheit eine alte, lange schon leer stehende Eckkneipe angemietet und daraus eine Lounge für die Mütter des Viertels gemacht. Dort kehren sie nun mit ihren Säuglingen ein, um sich über Erziehung, Kindergärten und Turnschuhmarken auszutauschen. Nebenbei laufen, was die Frauen sehr mögen, mit lasziver Stimme vorgetragene Chansons einer mittlerweile weltbekannten französischen Sängerin. Ein voller Erfolg alles in allem, der aber, glaubt Anja, die Begleiterscheinung mit sich bringe, dass Timo seither unter einem an Verblendung grenzenden Selbstbewusstsein leide und ihr nicht mehr, wie früher, spontan etwas, und sei es auch nur ein albernes Überraschungsei, von irgendwoher mitbringe. Von einem schönen Wein, den man in besseren Zeiten unter allerhand Scherzen gemeinsam im Bett getrunken habe, ganz zu schweigen. Stattdessen verbringt Timo seine Zeit unentwegt bei den Müttern in seinem Café, was Anja einen doppelten Schmerz zufügt, da ihr ein uneingestandener Kinderwunsch zu schaffen macht.

Nun hat Timo Anja auch vor seinem Café-Erfolg bereits seit längerer Zeit nur selten irgendetwas irgendwoher mitgebracht. Oft gehen Beziehungen, wie in diesem Fall, ja auch eher daran zugrunde, dass einer der Partner einen dramatischen Lebenswandel vollzieht, aus eigener Leistung oder dem Zufall verschuldet, zum Besseren oder zum Schlechteren hin. Das fein austarierte Gleichgewicht im Kräfteverhältnis der sich Liebenden kippt, verschiebt sich zu Ungunsten des einen, und sehr bald sucht dieser auch nach Gründen, weshalb man nicht mehr zueinander passt. Gründe gibt es immer. Sie verdecken nur das wahre Hindernis für die Fortsetzung der Beziehung: Die Selbstliebe des Unterlegenen entbehrt von einem Moment auf den anderen schmerzhaft der Befriedigung, dann heißt es, das Gegenüber sei arrogant, unaufmerksam usw.

Doch die schlummernde Unzufriedenheit Anjas über ihren Freund kommt erst machtvoll zur Entfaltung während einer gemeinsam besuchten Feier, die ihre beste Freundin Verena anlässlich ihres Geburtstages veranstaltet. Nach dem Konsum zweier Biere, dreier Rotweine minderer Güte und, zu allem Übel, zweier Schnäpse ...

Halt. Wir wollen nicht vorgreifen. Der Abend beginnt eigentlich halbwegs guter Laune. Timo ist nämlich früher aus seinem Café zurückgekehrt als beabsichtigt, was Anja recht freut. Doch muss sie mitansehen, wie er sich, nach einem in der Küche hastig im Stehen eingenommenen Abendessen, unter der Vorgabe, noch einige eilige Mails schreiben zu müssen, erst einmal vor sein Notebook setzt.

Während der U-Bahn-Fahrt zu Verenas Party stehen die beiden dicht gedrängt nebeneinander, Anja in einem bunt gemusterten, fröhlichen Kleid, Timo in einem leichten Jackett, das durch ein darunter sich spannendes T-Shirt und eine etwas zu lange Jeans ironisch gebrochen wird. Anja mustert sein Kinn, das er sich seit einiger Zeit nur mehr, offenbar aus modischen Erwägungen, selten rasiert, was ihr aber beinahe lächerlich erscheint, seines verhaltenen Bartwuchses wegen.

Außerdem findet sie, dass er es neuerdings übertreibt mit dem Eau de Toilette. Die Folgeerscheinung des unmäßigen Besprühens muss allen Fahrgästen als Geruchsbelästigung entgegenschlagen.

Rasch trennen sich, auch wegen dieser in der U-Bahn gemachten Beobachtungen, ihre Wege auf der bereits gut besuchten Feier, die sich unter großem Gelächter, Gerede und, im frei geräumten Wohnzimmer, auch unter hektischem Getanze vollzieht.

Es lässt sich nur schwer rekonstruieren, was genau Anja bewogen hat, um ein Uhr morgens, das Fest war noch im wogenden Gange, Timo, während er im Gespräch versunken war, heftig zu ohrfeigen, was, wie man sich denken kann, noch Wochen später für Gesprächsstoff unter den diesem Schauspiel beiwohnenden Gästen sorgte. Allerlei ist da wohl zusammengekommen.

Das Unheil begann also mit zwei Bieren. Nachdem

diese recht heiter gemeinsam mit Verena und einem ihrer Freunde, Andreas, der eigens aus dem Rheinland angereist war (ein etwas fülliger Mann, der sich betont frivol und lustig gab), in der Wohnküche getrunken worden waren, nahm Anja, auf dem Weg zur Toilette, leicht verwundert wahr, dass Timo, was er ausgesprochen selten tat, tanzte. Und das gar nicht einmal so unbeholfen.

Anja begab sich wieder in die Küche, Andreas, sie bereits erwartend, reichte ihr einen Wein und erzählte mit aufgeregtem Mienenspiel wenig Erwähnenswertes, irgendetwas von Merowingern, über die er promoviere. Weshalb sich Anja kurz darauf im Arbeitszimmer der Gastgeberin einfand: Auch hier standen Partygäste herum, sich rege unterhaltend, unter ihnen ihr Freund. Timo, für einen Moment irritiert, Anja zu sehen, als habe er sie vergessen, stellte er ihr seine Gesprächspartnerin vor: Sabine, eine großgewachsene und, wie Anja schien, allzu dramatisch geschminkte Frau um die dreißig mit spitzen Schuhen, die bei ihrem Anblick, warum auch immer, herzhaft lachte. Timo merkte eigens an, wohl um Anja liebevoll zu ärgern, dass er Sabine eben beim Tanzen kennengelernt habe. Schade, dass sie, Anja, es vorgezogen habe, in der Küche zu plaudern! Er tanze doch so gerne mit ihr! Sabine grinste unverhohlen.

Anja, der Neckereien schnell überdrüssig, sagte, dass ihre beste Freundin Verena in der Küche auf sie warte. Dann verließ sie, mit mühsam unterdrücktem Unmut und ohne sich eigens von Timo durch eine Berührung oder ein Wort zu verabschieden, das Zimmer. In der Küche stand allerdings nicht Verena, sondern, wie um ihre Laune vollends zu verderben, noch immer Andreas, der ihr sogleich eifrig ein zweites Glas Wein in die Hand drückte und, soviel zumindest bekam sie mit, umständlich von seiner Ex-Frau Maria und dem gemeinsamen Sohn erzählte, den er bedauerlicherweise nur selten sehen dürfe. Sie blickte in seine glasigen Augen und auf seine Hände, die, wie selbständig geworden und vom Erzählen befeuert, umhergestikulierten.

Anja stand vor ihm mit verschränkten Armen, nur leicht schwankend, Aufmerksamkeit mimend, unfähig, sich einen anderen Ort zu suchen, von zwei Bieren und eineinhalb Glas Wein auf einen einzigen Gedanken festgelegt: dass ihr Leben durch Timo verpfuscht sei. Seit zehn Jahren sind sie zusammen, jetzt ist sie 35. Dieses Scheiß-Leben, verbracht auf den ödesten Partys mit ihm, diesem arroganten Café-Heini! Alles dreht sich immer nur um ihn. Immer um ihn. Zuerst das unter größten Sinnkrisen abgebrochene Studium, seine lange Zeit unter furchtbar unschlüssigen Erwägungen geschmiedeten Selbständigkeitspläne, die bescheuerten Probleme mit seinen Eltern, die sich immerzu einmischten in ihre Beziehung. Ja, jetzt macht er, umnachtet vom Erfolg, natürlich einen auf selbstbewusst, dieser Café-Zampano! Café-Zampano, über diesen Begriff musste sie laut und bitter lachen. Andreas blickte daraufhin erschrocken, da er gerade wortreich von seiner Scheidung sprach und eher auf einen mitleidigen Blick eingestellt war.

Nun trat endlich Verena in die Küche, noch glühend vom Tanzen: »Na, seid ihr euch schön am Unterhalten?« – »Du, Verena, prima Party«, sagte Anja, unerwartet aus ihren düsteren Gedanken gerissen, »aber ich bin wahnsinnig müde. Du, ich muss langsam nach Hause.« – »Ach was«, antwortete die Freundin zärtlich und umarmte sie. »Bevor du gehst, trinken wir noch einen Schnaps.«

Der Schnaps, wie jeder leicht begreift, heiterte Anjas Stimmung keineswegs auf. Auch nicht der zweite. Und als sie danach, nunmehr furchtbar wankend (beinahe stolperte sie über eine Flasche im Flur) erneut die Toilette anpeilte, sah sie im Augenwinkel, dass Timo sich noch immer, und zwar nunmehr in allergrößter Lebhaftigkeit, mit Sabine unterhielt, die ihn, wie versehentlich, am Arm berührte. Anja stürzte, erhitzt vom Alkohol und erfüllt von hässlichen Erinnerungen an vergeudet geglaubte Jahre, ins Arbeitszimmer, stellte sich vor das überrascht wirkende Paar – und, ohne ein Wort der Erklärung hinzuzufügen, ohrfeigte sie Timo kräftig, der sie daraufhin, halbseitig errötend, völlig entgeistert anblickte.

Was nun geschah, lässt sich rasch zusammenfassen: ungeheure Stille im Zimmer, Tausende Blicke, wie Anja schien, Nadelstichen gleich (auch Andreas bequemte sich aus Neugierde ins Zimmer), das Herbeihasten Verenas, die ihre beste Freundin rasch ins Schlafzimmer führte und unter allerlei tröstenden Worten zur Ausnüchterung ins Bett beförderte. Und tatsächlich schlief Anja, nach einigen vor sich hingemurmelten Verwünschungen und zwei entrückten Lachanfällen auch bald ein.

Baltasar Gracián schrieb einst: »Ein schöner Rückzug ist ebensoviel wert als ein kühner Angriff.« Um wie viel mehr gilt dieser Satz, wenn Alkohol im Spiel ist. Er verstärkt negative Gefühlsregungen derart, dass sie einem zumeist mehr schaden als nützen. Das durch Alkohol erzeugte Sich-Hineinsteigern in eine unangenehme, in voller Klarheit erstrahlende Erkenntnis führt zu Enthemmungen, die jeder Körperdisziplinierung entgegenlaufen. Gerade wer sich bereits mit schlechter Stimmung auf eine Feier begibt, sollte nur mäßig trinken, Hochprozentiges unbedingt meiden und frühzeitig das Fest verlassen.

Beinahe umgekehrt verhält sich, wer in aufgeräumter Stimmung ein Fest betritt. Man darf dann durchaus zulangen, feurige Reden halten und fremder Leute Münder küssen, bis der Morgen graut. Mit einem aus heiterem Übermut rauschhaft verbrachten Fest macht man sich in der Regel nicht unbeliebt. Schließlich weiß ein jeder Verstellungskünstler, dass er als solcher niemals erkannt werden darf. Deshalb ist es ab und an wichtig, heftig mitzutrinken, um nicht als ein von übermäßiger Selbstkontrolle und Verkniffenheit geplagter Mensch zu erscheinen, der niemandem gefällt.

Bereits zwei Tage nach Verenas denkwürdiger Party werden aus der bislang gemeinsam angemieteten Wohnung unseres unglücklichen Paares Umzugskartons herausgetragen. Nachdem Anja nach einer letzten, wortlosen Umarmung Timo den Rücken kehrt,

sitzt dieser noch einige Minuten in völliger Gedan-
kenleere in der Küche, greift dann, halb sich wieder
fassend, zu seinem Handy und schickt Sabine eine bewusst gut gelaunt abgefasste SMS: »Kaffee? Heute?
Oder morgen?«

PS: Timo hatte es ziemlich geärgert, dass, nachdem
Anja ihn auf der Party geohrfeigt hatte, sich Sabine,
um seine Beziehungskrise wohl nicht weiter zuzu-
spitzen, im weiteren Verlauf der Party mit großer Aufmerksamkeit den Erzählungen eines anderen Mannes hingab.

17   Witz zeigen

Die geschmeidigste aller Verstellungskünste: Witz zeigen. Damit ist nicht der grobe, längst vom Aussterben bedrohte Kalauer gemeint: »Fragt Eva Adam: ›Liebst du mich noch?‹ Sagt Adam: ›Ja, wen denn sonst?‹« Nein, da wenden wir uns mit einem müden Lächeln ab. Gemeint ist eine rasche Auffassungsgabe, geistige Beweglichkeit, Spontaneität, die allenthalben gefällt. Und zu gefallen ist immer nützlich.

Sieben Herren und zwei Damen saßen beieinander an einem ovalen Tisch, um sie herum breite Fensterfronten, doch nur trübes Licht: Regen. Immerhin, die Aussicht auf die Stadt: ein Meer von Häusern, Leuchtreklame, ein Zug, der geräuschlos vorüberglitt.

Herr Marten plädierte mit Verve für Investieren, der Gebäudekomplex in Dettersheim sei günstig. Ein wenig ab vom Schuss, gewiss. Aber er habe aus sicherer Quelle erfahren, dass der Senat nächstes Jahr nun endlich beschließen werde, Dettersheim durch eine Verlängerung der S-Bahn-Trasse mit dem Zentrum zu verbinden. Dann stiegen die Mieten wie von selbst. Er rate zum Kauf!

Frau Kayser blickte nachdenklich. Bei allen Ausbauvorhaben der städtischen Infrastruktur, sagte sie, drohten Verzögerungen ungeahnter Dauer. Vorhaben seien das eine, was aber nicht beschlossen sei, sei nicht beschlossen. So gut gehe es der Immobilien Wanders GmbH & Co. KG nicht, dass man aufgrund vager Gerüchte spekulative Ankäufe tätigen sollte! Frau Kaysers Lippen waren nunmehr ein dünner Strich, sie zog kurz ihr schwarzes Kostüm zurecht und blickte sehr ernst, beinahe düster, Herrn Marten an.

Herr Marten wiederum, während er sich mit dem Finger kurz über die Nase fuhr, erwiderte, dass, sobald die Sache vom Senat beschlossen sei, ein Kauf sich nicht mehr lohne, da der Kaufpreis sogleich unweigerlich in die Höhe schieße. Ob sie, Frau Kayser, dies begreife?

Das war durchaus mit Schärfe ausgesprochen, aber er lächelte dabei. Und blickte um sich. Alle Mitarbeiter sahen ihn gespannt an, da er seine Ausführungen fortzusetzen gedachte, was man daran erkennen konnte, dass er, in seiner kleinen Redepause, zaghaft den Zeigefinger in die Höhe streckte, allerdings ohne den Arm vom Tisch zu erheben. Herr Marten neigte sich nun direkt Frau Kayser zu, sagte heiter: »Liebe Frau Kayser, so gut geht es der Immobilien Wanders GmbH & Co. KG nicht, dass sie sich Mutlosigkeit erlauben dürfte.«

So leicht fällt es, Witz zu zeigen! Herr Marten hat

seinen Satz ganz wie Frau Kayser aufgebaut (»So gut geht es der Immobilen Wanders GmbH & Co. KG nicht, dass ...«), die grammatikalische Struktur aber mit entgegengesetztem Inhalt versehen. Das reichte in einer derart angespannten Situation vollkommen aus, um ein fast lebhaftes Schmunzeln und Gekicher unter den Konferenzteilnehmern auszulösen. Frau Meyerhoff, die Chefsekretärin, von kräftigem Körperbau, lachte gar laut auf. Aber das tat sie für gewöhnlich bereits nach weitaus zweifelhafteren Scherzen. Ja, selbst Frau Kayser rang sich ein unsicheres Lächeln ab, da, wie sie unmittelbar und richtig schloss, ein finsterer Gesichtsausdruck die Gunst der Kollegen ihr gegenüber geschmälert hatte.

Immer und gern wird die Übermacht der Rhetorik beklagt. Nicht ganz zu unrecht. Jeder, der eine Polit-Talkshow verfolgt oder ein Fernsehduell zwischen Kanzlerkandidaten, ahnt, dass nicht das schlagkräftige Argument, sondern die Geschmeidigkeit der Sätze, die geistesgegenwärtige Pointe, der vertrauensselige Blick darüber entscheiden, wer Sympathien auf sich zu vereinen vermag. Vor allem Witz, der in großer Dankbarkeit von Umstehenden goutiert wird, da die Welt allzuoft von Ernsthaftigkeit, Langeweile und Unausgeglichenheit regiert wird, ist eine Waffe, die man unbedingt sich aneignen sollte. Denn grundsätzlich schwierig ist es, wir hatten es bereits an anderer Stelle gesagt, in öffentlichen Runden jemanden zu düpieren, ohne dabei als hässlicher Charakter zu erscheinen. Witz indes hat eine doppelte Klinge: Er macht einen für Beobachter symphatisch und verdeckt dadurch sanft, dass er häufig nicht zum allgemeinen Vergnügen, sondern zur Schädigung eines Gegners gebraucht wird.

Denn wer möchte bestreiten, dass Frau Kayser durch den Witz von Herrn Marten verletzt wurde? Welche Entscheidung die Konferenz, den Gebäudekomplex in Dettersheim betreffend, fällte, ahnt ja jeder: Es wurde investiert.

Nun hatte, wie man weiß, Frau Kayser durchaus recht: Dettersheim harrt bis zum heutigen Tag eines S-Bahnhofes. Überraschende Neuwahlen haben den Ausbau des Nahverkehrsnetzes in weite Ferne gerückt. Stattdessen wird nun die Stadtautobahn großzügig ausgebaut, wovon Dettersheim allerdings, abschüssig gelegen, gar nichts hat. Der Gebäudekomplex, überaus aufwändig renoviert, sogar neuen Stuck hatte man anbringen lassen, wartet vergeblich auf Mieter. Die Maklerei, mit der man in ähnlich hoffnungslosen Fällen bereits gut zusammengearbeitet hatte, ist jedenfalls nicht zu beneiden. Ein gewisser Heinrich Walter engagiere sich zwar lebhaft, aber mit wenig Erfolg. Kurzum: Die Investition beschert der Immobilien Wanders GmbH & Co. KG ein stetig anwachsendes Defizit.

Doch schmälert diese missliche Entwicklung nicht die Macht des Witzes, sie unterstreicht nur seine Eigenart: Stets hat Witz die Neigung, über alle Vernunft sich hinwegzusetzen. Er ist ungerecht, Mehrheitsbeschaffer, er ist undemokratisch und Merkmal charismatischer Herrschaft.

Oft wird behauptet, Witz lasse sich nicht erlernen

wie etwa Fahrradfahren oder Schwimmen. Gewiss, der wache Geist ist ein Geschenk der Götter. Doch einige Grundmechanismen können durchaus erworben werden: Dinge spaßhaft zu übertreiben zum Beispiel oder aber persönliche Eigentümlichkeiten (einen ländlichen Akzent, die Körpergröße, einen akademischen Titel) selbstironisch zu kommentieren.

Doch gerade diejenigen, die sich Witz mühsam angeeignet haben, welcher ihnen gewissermaßen noch nicht zur zweiten Natur geworden ist, übertreiben rasch. Weniges nur ist ärgerlicher, als Menschen, die unentwegt scherzen, als sei es ihre ureigenste Bestimmung, die Welt zu unterhalten. Dabei sieht man am Beispiel Herrn Martens sehr gut, wie wichtig es ist, von einem Standpunkt größter Ernsthaftigkeit direkt zum Witz zu gelangen, statt erst zu scherzen, wenn ohnehin schon gelacht wird.

Witz, in Maßen eingesetzt, gefällt so sehr, dass er Eigenschaften verzeiht, die gemeinhin wenig geschätzt werden: Angriffslust, wie man an der Konferenz der Immobilien Wanders GmbH & Co. KG sieht, oder aber Eitelkeit. Ausgerechnet der für seine Schüchternheit weithin bekannte Schriftsteller Franz Kafka hat dies in einem Brief an einen Verleger einst vorgeführt. Er übergab diesem einige Manuskripte und schrieb bald darauf, da er auf eine Antwort wartete: »Jetzt aber wäre ich natürlich glücklich, wenn Ihnen die Sachen auch nur soweit gefielen, dass Sie sie druckten. Schliesslich ist auch bei größter Übung und größtem Verständnis das Schlechte in den Sachen nicht auf den ersten Blick zu sehen.«

18   Vertrauen erzeugen

Ein Mann erzählte kürzlich von seinem Hausarzt. Dieser habe ihm einmal während einer ausgiebigen Untersuchung gesagt, dass es ihm bisweilen Schwierigkeiten bereite, Wahrhaftiges über die Lebensgewohnheiten einiger seiner Patienten, vor allem der männlichen, zu erfahren. Manche Herren seien morgens mit Unschuldsmiene, frisch rasiert und heiter, in das Behandlungszimmer getreten, das Wetter lobend oder von anderen Beiläufigkeiten berichtend, während er sie streng gemustert habe und rasch auf die auffälligen Leberwerte zu sprechen gekommen sei, die seine nach einem Anfangsverdacht vorgenommene Blutuntersuchung zweifelsfrei ergeben hätte.

Ob sie unmäßig Alkohol trinken, habe der Arzt die Patienten dann immer ganz offen gefragt, sagte der Mann. Die Patienten hätten dann gelacht, ihre Unsicherheit laut überspielend. Wieviel sie denn nun trinken, habe der Arzt weiter insistiert. Und die immer gleiche Antwort erhalten: Na ja, bei einer Feier, da würde es schon mal länger gehen, die eine oder andere Geschäftsreise sei häufig mit Festlichkeiten verbunden, dann stoße man schon mal an usw.

Der Arzt, der einen Bart trug und eine tiefe, sonore Stimme hatte, weshalb er sich auch einer großen Patientinnenschar erfreute, sagte, er habe sich bei den Herren, die zu einer an Schamlosigkeit grenzenden Untertreibung ihrer Trinkgewohnheiten neigten, angewöhnt, das Gespräch dergestalt zu beginnen, dass er selbst, Fahrigkeit mimend, ihnen zunächst fröhlich beichtete, ohne einen kleinen Morgenschnaps gar nicht erst vor die Haustür zu treten. Den brauche man manchmal des Kreislaufes wegen. Erst mit dieser kleinen List sei es ihm gelungen, die Patienten zur größten Redseligkeit zu bewegen, erzählte der Arzt. Ja, ihm schien, dass sie das Maß ihres Alkoholkonsums nunmehr auf beinahe prahlerische Weise übertrieben. Und er sei mit dieser Strategie überhaupt erst auf eine Grundregel menschlichen Verhaltens gestoßen: dass man Vertrauen nämlich nur dann bei anderen Menschen erwecke, wenn man ihnen zu verstehen gebe, selbst Vertrauliches mitzuteilen. Dann, zufrieden blickend, da keinerlei Absonderlichkeiten sich an den Körperfunktionen des Mannes hatten feststellen lassen, bat er diesen, sich wieder anzukleiden.

Wie klug dieser Arzt, der übrigens tatsächlich ohne heimlichen Alkoholgenuss nur selten das Haus verließ, doch verfuhr! Denn immer gilt es, das Vertrauen anderer durch eine eigene Indiskretion zu erschleichen. Wie oft ist aber gerade diese an sich ratsame

Strategie eine heikle Angelegenheit! Denn jedes Geständnis ist ein Trumpf, den man bereitwillig aus der Hand gibt, mit anderen Worten: eine riskante Vorleistung. Ratsam ist es daher in der Regel, Vertrauen zu erzeugen mit einem Geständnis, das anderen nur bedeutsam erscheint, es indes gar nicht ist.

Sie lernen einen neuen Arbeitskollegen kennen: Sebastian Senner, halbwegs jung, sportlich gebräunt. Mit den frischen und unübersichtlichen Eindrücken in der Firma ist er noch ein wenig überfordert und daher recht dankbar, dass Sie sich seiner ein wenig annehmen, während sie in der Mittagspause gemeinsam über Rucola-Salaten sitzen, die sparsam mit Ziegenkäsescheiben bedeckt sind. Rasch kommen Sie auf die Morgenkonferenz zu sprechen, die eingeleitet worden war durch überhebliche Anmerkungen ihres gemeinsamen Vorgesetzten, der mit einem sorgenvollen Gesicht von Terminschwierigkeiten diverser Projekte in Ihrem Handy-Produktionsbetrieb sprach und einen größeren Arbeitseinsatz der Mitarbeiter anmahnte.

Der Vorgesetzte beklagte die mangelnde Motivation zwar mit geschmeidigen Sätzen, die kaum drohend genannt werden können, die aber, da man sehr konkrete Erfahrungen in der Firma gemacht hatte, wie mit weniger eifrigen Mitarbeitern umgegangen wurde, durchaus Beunruhigendes in sich bargen.

Sie beugen sich nun, nach der Rekapitulation der unangenehmen Morgenkonferenz, demonstrativ über den Tisch, Sebastian Senner verschwörerisch anlächelnd. Nicht ohne vorher mit leicht sorgenvollen Blicken das Lokal noch abgetastet zu haben. Einer Ihrer Kollegen oder gar Ihr Vorgesetzter könnte hier gleichfalls sein Mittagessen einnehmen und das Gespräch, den Kopf hinter einer Zeitung verbergend, belauschen! Ihr Vorgesetzter, sagen Sie flüsternd, das habe er, Sebastian Senner, womöglich schon geahnt, sei der faulste Mensch unter der Sonne, indem er eigentlich nur eine herausstechende Eigenschaft habe: nämlich anfallende Arbeit mit großem Aufwand zu verteilen, sie gewissermaßen weit von sich zu weisen und damit auch Entscheidungen, die ihm Schwierigkeiten bereiten zu fällen, auf andere abzuwälzen. Und dass diese Verteilung unangenehmer Aufgaben zwar den Anschein größter Betriebsamkeit mache, aber von zahlreichen Kollegen längst durchschaut worden sei als eine die eigene Überforderung dreist überdeckende Beschäftigung.

Nun muss man wissen, dass Sebastian Senner, der junge Programmierer, der während Ihrer gehässigen Rede, unsicher, wie sich zu verhalten sei, nur bedeutungsleer nickte, vor wenigen Wochen von Ihrem Vorgesetzten aus einem Konkurrenzunternehmen abgeworben worden war. Dem Vorgesetzten, einem leicht übergewichtigen, stets überhitzt wirkenden Manager um die fünfzig, dessen Gesicht, als leide er unter schlimmem Bluthochdruck, oftmals errötet, ist Sebastian Senner durchaus loyal zugetan, da das Jobangebot finanziell recht großzügig ausgefallen war. Eine verheißungsvolle Zukunft im neuen Betrieb malt er sich nunmehr in den schillernsten Farben aus.

Ihnen ist bewusst, dass Sebastian Senner, der womöglich gar nicht so untalentiert ist, tatsächlich leicht zu einem gefährlichen Konkurrenten heranwachsen dürfte, da er in Ihrem Spezialgebiet, dem IT-Design, in der Branche nicht den allerschlechtesten Ruf hat.

Nun kann leicht vermutet werden, dass Ihre riskante Vorleistung, das vertrauensselige Lästern über Ihren Vorgesetzten, ein Fehler war. Das jedenfalls denkt Sebastian Senner auch, der Sie im Stillen als Naivling belächelt.

Zwei Wochen später wird er von seinem Vorgesetzten zu einem kleinen Vier-Augen-Gespräch gebeten. Der Vorgesetzte, als Sebastian Senner sein karges Büro betritt, trinkt hektisch einen Milchkaffee, kaut an einem Croissant und überfliegt die Schlagzeilen allerlei Zeitungen, die breit aufgeschlagen auf seinem Schreibtisch liegen. Dann lehnt er sich zurück, sagt, wie angenehm es für ihn doch sei, zu verfolgen, dass er, Sebastian Senner, sich offenbar in der Firma wohlfühle. Das Projekt, an dem er beteiligt sei, scheine ihm zuzusagen, es mache große Fortschritte.

So werden zunächst einige belanglose Freundlichkeiten ausgetauscht. Was er denn für einen Eindruck von seinen Kollegen habe, fragt der Vorgesetzte erst gegen Ende des Gesprächs auf beinahe beiläufige Weise. Hier nun, unter scheinbaren Gewissensbissen, blickt Sebastian Senner gequält, als würde es ihm schwer fallen, sich offenherzig zeigen zu dürfen.

»Das bleibt natürlich unter uns!«, sagt nun rasch der Vorgesetzte. Und Sebastian Senner, der Sie gleichfalls als Konkurrenten erkannt hat, berichtet nunmehr von dem Gespräch, das er vor einiger Zeit mit Ihnen geführt hat und sagt noch, dass sein Vertrauen zu ihm, dem Vorgesetzten so groß sei, dass er es als Pflicht ansehe, ihm mitzuteilen, dass Sie gegen ihn aufs Unschönste intrigierten.

»So?«, sagt der Vorgesetzte, beißt hektisch eine Ecke aus seinem Croissant und blickt Sebastian Senner zu dessen völliger Überraschung sehr ernst, ja beinahe feindselig an. Dann bittet er ihn, einen überaus wichtigen Telefontermin vorgebend, aus dem Büro.

Der Vorgesetzte ist aufgrund einer langjährigen Zusammenarbeit naturgemäß Ihnen mit weitaus größerem Vertrauen zugeneigt als einem neuen Kollegen, den er noch nicht recht einschätzen kann. Ja, er kommt zu dem Schluss, während er nunmehr allein im Zimmer mit vager Melancholie aus dem Fenster blickt, dass Sebastian Senner sich Ihr gehässiges Lästern nur ausgedacht hat, um Ihnen zu schaden. Ach, es sei entsetzlich, denkt der Vorgesetzte noch, sich mit Unbehagen über seinen Bauch streichend, dass mit jeder Neueinstellung so ein Risiko verbunden sei.

Der Vorgesetzte ist übrigens alles andere als faul; das Schlimmste, was man ihm nachsagen kann, ist, dass er sich, ohne diese jemals gelesen zu haben, mit einigem Erfolg eine wichtige Maxime Graciáns zu eigen gemacht hat: »Was Gunst erwirbt, selbst verrichten, was Ungunst, durch andere.«

Wer in den nächsten Wochen und Monaten mit wichtigen, der Karriere förderlichen Aufträgen versehen werden wird, kann man sich leicht denken. Natürlich Sie und nicht etwa Ihr Konkurrent, der vorschnell aus seinem Wissen Nutzen zu schlagen versucht hat und dabei eine Grundregel der Verstellungskunst missachtet hat: dass man nämlich bei wichtigen strategischen Handlungen niemals in eilige Hitze geraten darf.

Man begreift an dieser Geschichte leicht, dass Vertrauen nur dann leichtfertig jemandem entgegengebracht werden darf, wenn man von einer Position der Stärke aus agiert: als Arzt seinen Patienten, als langjähriger Mitarbeiter einem neuen Kollegen gegenüber. Und mit etwas Glück erfährt man allerhand von seinem Gegenüber, das zu einem späteren Zeitpunkt einem noch von Vorteil sein kann.

Allen anderen, vor allem wenn sie die Umgebung noch nicht hinreichend kennen, in der sie sich bewegen, sei bei Vertrauensbekundungen Vorsicht die größte Maxime: Immer nur mit einem scheinbar bedeutsamen Geheimnis hausieren gehen. Ungemein schadhaft nämlich ist immer die Lust, sich anderen vorbehaltlos zu offenbaren. Die Verlockung, ein Geheimnis unzeitig zu lüften, ist leider überhaupt immer sehr groß.

19 Mit Bildung glänzen

Es gefällt heutzutage sehr, wer mit einer gewissen Bildung glänzen kann. Wer mit Bildung glänzt, gerät allerdings leicht unter Arroganzverdacht. Man sollte Bildung daher immer auf eine unprätentiöse Weise zur Geltung bringen.

In jedem Fall sollten Sie zunächst, wie Frank und seine Freundin Angelika, sich eine Wohnung besorgen, in der Bildung auf Anhieb vermutet wird. Die Wohnung darf, wenn Sie, wie unser Paar, etwa Ende dreißig sind, durchaus in einem Viertel liegen, das noch nicht vollständig durchsaniert ist, ja an den Hauswänden können wirre Graffiti das Auge irritieren, und wenn, allerdings in seltener Regelmäßigkeit nur, ein wankender Obdachloser sich dorthin verirrt, ist dies geradezu ideal, um Besuchern den Eindruck zu vermitteln, dass man nicht spießig ist. Man wohne als halbwegs junger Mensch jedenfalls niemals in Stadtteilen, die als Reiche-Witwen-Gegenden den Spott von Freunden auf sich ziehen könnten, sondern immer nur in solchen, die gewissermaßen auf dem

Weg sind, sich von halbwegs guten in sehr gute zu verwandeln.

Schleichend werden die Arbeiter, die auf den Bürgersteig spucken und beim Morgenbier den Frauen hinterherpfeifen, verdrängt, aber ein paar müssen schon noch da sein. Auch einige ärmere Ausländer dürfen nicht fehlen, solange sie in den Kindertagesstätten nur eine derart kleine Minderheit bilden, dass sie rasch ihre Muttersprache vergessen. Aber ein paar müssen schon noch da sein, damit Besucher sagen können, es sei so lebendig hier auf den Straßen und so bunt, das pralle Leben sozusagen. Schwule sind ausdrücklich erwünscht. Insbesondere die grazil vor sich hintänzelnden Kellner in Cafés. Das Viertel ist so beschaffen, dass die Eltern es ein ganz kleines bisschen für verlottert halten, was den Kindern ein süßes Auflehnungsgefühl noch im fortgeschrittenen Alter sichert.

Die Wohnung von Angelika und Frank gefällt aufgrund ihrer hohen Decken, einem großen Balkon und echtem Parkett. Sie haben ein weinrotes Sofa, auf dem sie gern kuscheln. Frank ist Architekt und nach einer nicht ganz reibungslosen Vergangenheit als Selbständiger mittlerweile wieder fest angestellt. Angelika, die Fotografin, hat sich vor kurzem von Frank eine schöne Webseite einrichten lassen, damit sie in Zukunft sogar noch mehr Aufträge erhält als bisher.

Unser Paar liest gern. Und im Lauf der Jahre haben sich viele Bücher angesammelt. Die schöne Literatur und diverse Sachbücher: Ratgeber (etwa zum Thema Glück), großformatige Bildbände, hochwertige

Kochbücher – und Franks architekturgeschichtliche Werke, die er sich, seines Berufes wegen, mehr aus Pflichtbewusstsein, als aufgrund eines feurigen Interesses in den vergangenen Jahren angeschafft hat.

Die Bücher sind allesamt in bis hoch an die Decke reichenden weißen Regalen im Wohnzimmer untergebracht. Man gelangt mühelos auch an die ganz oben aufgestellten Werke heran, da man sich aufgrund des Abonnements einer großen Tageszeitung eine kleine Leiter aus Mahagoni als Prämie hat liefern lassen. Die Leiter lässt sich praktischerweise mit wenigen Handgriffen zu einem kleinen Stuhl umbauen, wurde in dieser Gestalt aber bislang noch nie benutzt.

Eines Abends, es war Herbst, man hörte das Laub draußen rascheln, wurde Franks Vorgesetzter Jürgen erstmals samt Gattin zum Abendessen erwartet. Wie es mittlerweile Sitte ist, pflegt Frank ein beinahe freundschaftliches Verhältnis zu seinem Chef, man duzt sich im Büro mit größter Selbstverständlichkeit, trinkt Espresso miteinander usw.

Es würde den Rahmen dieser Geschichte sprengen, ausführlich darüber Bericht zu erstatten, mit welch großem Aufwand sich unser junges Paar der Zubereitung des Drei-Gänge-Menüs an diesem Samstagnachmittag widmete. Man hatte sich nach langen Überlegungen dazu entschlossen, als Hauptspeise den Gästen ein Mahl vorzusetzen, das sich nicht durch Extravaganz, sondern durch schmackhafte Schlichtheit auszeichnet. Ein Gericht von gewissermaßen veredelter Alltäglichkeit, damit keine gezwungene Stimmung aufkommt: sizilianische Pasta, die durchaus überrascht, da die Nudeln mit ungeschälten Kartoffelscheiben kombiniert werden. Das Pesto ist selbst zubereitet, was übrigens einfacher vonstatten geht, als gemeinhin angenommen (100 g Basilikum – d. i. 1 bis 2 Bund –, 3 EL Pinienkerne, 2 Knoblauchzehen, 5 EL geriebener Parmesan, Salz & Pfeffer; die Zutaten pürieren, bis eine gleichmäßig feine Masse entsteht. Dann langsam 120 ml natives Olivenöl untermischen und mit Salz und Pfeffer abschmecken).

Dass der Abend keineswegs zur Zufriedenheit der Gastgeber ablaufen sollte, lag jedenfalls nicht am Essen, das auf geradezu besorgniserregende Weise euphorisch gelobt wurde. Jürgen, als er in das Gemisch aus Pasta, Pesto und Kartoffeln biss, rang sich noch mit vollem Mund zu einem »Mmmmh, schmeckt das gut« durch, was von seiner Gattin durch heftiges Kopfnicken und ein freudiges »Aber wirklich!« bestätigt wurde. (Die Gattin des Vorgesetzten, der Vollständigkeit halber sei es gesagt, arbeitet als Lektorin in einem Architekturfachverlag. Sie lernte Jürgen, der zwanzig Jahre älter ist als sie, während eines gemeinsamen, äußerst ambitionierten Buchprojektes kennen. Eine gewagte Häuserzeile seines Architekturbüros samt der Innenräume hat sie abfotografieren lassen zwecks Herstellung eines Bildbandes, dem ein kluger Essay eines Kulturwissenschaftlers vorangestellt war. Alles in allem, man kann es im Nachhinein nicht anders sagen, war dem Projekt zwar nur wenig Erfolg beschieden – knapp 700 verkaufte Exemplare –, aber immerhin: Es war der Beginn einer großen Liebe.)

Bevor wir zum Tischgespräch übergehen, sei noch rasch gesagt, dass sich der Empfang der Gäste auf für die heutige Zeit typische Weise vollzog. Zwar legt man wieder erhöhten Wert auf gute Umgangsformen, doch ist die Unsicherheit groß, wie sich zu verhalten sei. Als Frank und Angelika die Tür öffneten und die Gäste vor ihnen standen, herrschte ein klein wenig Befangenheit. Allerlei ging beispielsweise Angelika durch den Kopf: Sollte sie die Frau Jürgens, der sie vorher nie begegnet war, gleich mit Wangenkuss begrüßen oder zunächst Jürgen die Hand reichen? Oder Jürgen zuerst mit Wangenkuss begrüßen und dann ihn seine Frau den Gastgebern erst einmal vorstellen lassen?

Nun, man konnte den Gastgebern zumindest den Willen zur Form nicht absprechen: Frank begrüßte die Gattin seines Vorgesetzten mit Wangenküssen. Dreimal abwechselnd auf die linke und rechte Wange, wobei die Gattin des Vorgesetzten auf einen vierten Kuss eingestellt war und, dieser Verwirrung wegen, die Köpfe der beiden beinahe zusammengestoßen wären; eine Peinlichkeit, die mit nonchalantem Lachen der Vorgesetzten-Gattin überspielt wurde. Zur gleichen Zeit half Angelika Jürgen aus dem Mantel, der, des Kleidungsstücks entledigt, Frank die Hand reichte. Die Damen wurden danach von Frank gegenseitig vorgestellt und gaben sich, zunächst unsicher, was zu tun sei, ebenfalls die Hand. In all der Hektik hatten Jürgen und Angelika vergessen, sich zu begrüßen, aber da man sich rasch im Gespräch befand, fiel dies nicht weiter ins Gewicht.

Nicht nur die Speisen fanden große Anerkennung. Auch der Wein, ein Bordeaux Saint Estèphe, schien zu munden. Jedenfalls machte Jürgen einige anerkennende Bemerkungen, das Getränk betreffend. Überhaupt machte Jürgen auf die Gastgeber einen ausgesprochen redseligen Eindruck, aber da er mit Abstand der älteste am Tisch war (Jahrgang 1946) und seine Erzählungen durch eine reiche Lebenserfahrung gesättigt waren (Studentenbewegung, zwei Ex-Frauen, Karriere), ließen es sich die anderen gern gefallen, dass er das Gespräch dominierte.

Angelika, der übrigens durchaus aufgefallen war, dass Jürgen mit seinem faltenreich-charismatischen Gesicht und trotz eines leichten Übergewichts sehr gut aussah, störte sich lediglich daran, dass er sich, von seiner dezent geschminkten Gattin unterstützt, nach dem dritten Glas Wein Architekturthemen zuwandte.

Von allen großen Architekten sei ihm Hans Scharoun der allerliebste, sagte Jürgen. Er schwärmte von einem Haus Scharouns in der Stuttgarter Weißenhofsiedlung und sagte auch allerhand Geistreiches zur Großsiedlung Siemensstadt in Berlin, an der Scharoun gleichfalls beteiligt gewesen war und die doch immer noch gewissermaßen vorbildlich sei für heutige Wohnprojekte. Das alles erzählte Jürgen auf denkbar angenehme Weise, da er, statt mit komplizierten Theoriegebilden, die anderen durch Anekdoten zu erfreuen vermochte. Angeregt durch seine Ausführungen begann Angelika, sich lebhaft vorzustellen, wie einstmals bitterarme Arbeiterkinder mit ihren großen Augen und ihrer schmutzigen Kleidung in den neu entstandenen Straßenfluchten der Scharounschen Modellsiedlungen herumtollten.

Man begreift sogleich, dass Frank, der im Weinkonsum den anderen gegenüber einen kleinen Vorsprung hatte, sich herausgefordert fühlte, die Ausführungen seines Vorgesetzten durch einige gleichfalls bemerkenswerte Sätze über Scharoun zu ergänzen.

Das jedoch misslang auf so furchtbare Weise, dass Angelika noch heute mit Schrecken an das Essen zurückdenkt und keineswegs beabsichtigt, den Pärchenabend zu wiederholen.

Frank nämlich, im Übereifer, einen klugen Eindruck zu hinterlassen, verstieg sich zu Thesen, die selbst seiner architekturgeschichtlich nur wenig bewanderten Freundin auf Anhieb als zweifelhaft erschienen. Nicht nur verlegte er das Scharounsche Schifffahrtsmuseum nach Hamburg, er sprach, das Bauwerk mit wirren Worten charakterisierend, von einer typischen Achtziger-Jahre-Architekur. Jürgen erwiderte knapp, es sei seines Wissens 1963 erbaut worden. Gewiss, sagte Frank rasch, Scharoun habe, wenn er sich so ausdrücken dürfe, die Architektur der achtziger-Jahre vorweggenommen. Das habe er gemeint. »Die Postmoderne!«, rief Frank noch laut. Jürgen räusperte sich.

Und da er von höflicher Gesinnung war, korrigierte er seinen Mitarbeiter auch nicht, als dieser darlegte, wie unangenehm es Scharoun empfunden haben musste, angesichts der nationalsozialistischen Barbarei Deutschland zu verlassen. Dabei blickte Frank, als habe ihn der Leidensweg des großen Architekten schon immer sehr erschüttert, mit schmerzhaftem Gesichtsausdruck in die Runde.

Das Störfeuer übernahm, zur bösen Überraschung Franks, diesmal Jürgens enerviert dreinblickende Gattin. »Scharoun«, sagte sie spitz, »hat Nazi-Deutschland nicht verlassen.« Dann blickte sie Angelika spöttisch an. Diese, nachdem eine kleine Weile nicht gesprochen worden war, sagte fröhlich: »Möchte jemand einen Espresso?«

Er habe Scharoun halt mit einem anderen Architekten verwechselt, sagte Frank am nächsten Tag zu Angelika, die schweigsam in der Küche stand und das Geschirr abspülte. Herrje, das könne doch jedem einmal passieren. »Du hast dich so zum Affen gemacht«, entgegnete sie kopfschüttelnd, was Frank zu einer derart hässlichen Widerrede reizte, dass Angelika augenblicklich, noch mit nassen Händen, an ihm vorbei in den Flur lief, sich eine Jacke überzog und nach draußen eilte. Sie setzte sich in ein Café, das überwiegend von den Müttern des Viertels genutzt wurde und in dem zumeist französische Chansons liefen. Der Abend wollte ihr einfach nicht aus dem Kopf gehen. Scharoun verwechselt! Sie entnahm, was sie seit Jahren nicht getan hatte, eine Zigarette aus einem frisch erstandenen Päckchen, wurde aber nach zwei Zügen von einer an den Tisch tretenden Bedienung harsch darauf aufmerksam gemacht, dass Rauchverbot herrsche.

Hätte Frank das Thema sanft gewechselt, wäre er womöglich auf die Bauhaus-Universität Weimar zu sprechen gekommen, die er aus eigener Anschauung sehr gut kennt, sein Vorgesetzter hätte ihn nun nicht für derart ungebildet gehalten. Noch besser wäre es allerdings gewesen, Frank hätte Jürgen, unter großen Interessensbekundungen, nach ausgefallenen Details über Scharouns Schaffen ausgefragt. In der Pose des wissbegierigen Schülers. Das wäre sehr geschickt gewesen, denn, das wissen alle, die Jürgen gut kennen, als wahren Scharoun-Experten kann man ihn letztlich nicht bezeichnen. Alternativ dazu bietet es sich an, sobald jemand etwas Gebildetes äußert, von dem man nur wenig weiß, kennerhaft zu nicken. So, als habe man das Gesagte wahrlich nicht zum ersten Mal gehört. Wie häufig gefallen uns Menschen sehr, die nicht unnötig reden.

PS: Baltasar Gracián schrieb den schönen Satz: »Nicht aus Besorgnis, trivial zu sein, paradox werden.« Aus Furcht vor der Schlichtheit eigener Gedanken flüchten sich nicht wenige in dunkle Thesen, was auf wenig Gegenliebe trifft.

PPS: Entweder man ist gebildet oder man ist es nicht. Ist man es nicht, sollte man sich zumindest einen kleinen Katalog kluger Sätze erstellen, damit man in Gesellschaft glänzen kann. Wie sagte doch gleich Oscar Wilde? »Der einzige Unterschied zwischen dem Heiligen und dem Sünder ist, dass jeder Heilige eine Vergangenheit und jeder Sünder eine Zukunft hat.« Oder aber man zitiere (zu feinsinnigen Anlässen) Heimito von Doderer: »Man muss manchmal von einem Menschen fortgehen, um ihn zu finden.«

20 Geheimnisvoll sein

Wir sind abermals einen guten Schritt vorange-
gangen, um uns zu vervollkommnen, haben
gesehen, wie mit Alkohol zu verfahren ist und mit
Witz, welche Vorsichtsmaßnahmen bei Vertrauensbekundungen zu beachten sind und dass es niemals
schaden kann, auf bescheidene Weise seine Bildung
anzuzeigen. Wir wollen uns in diesem Kapitel einem
allgemeineren Gegenstand nähern, der Frage nämlich, ob es besser ist, einen humorvollen oder einen
geheimnisvollen Eindruck zu hinterlassen. Denn es
gibt Menschen, die einnehmend sind, und Menschen, die uns betören. Erstere zeichnen sich durch
ihren Humor aus, letztere durch ihre geheimnisvolle
Aura.

Die Humorvollen werden geschätzt aufgrund ihres
Unterhaltungswerts, ihrer ansteckend guten Laune.
Niemand fürchtet sich vor ihnen, sie werden allseits
gemocht. Der Humorvolle darf übrigens mit dem, der
Witz zeigt, beispielsweise während einer Konferenz
eines Immobilienunternehmens, nicht verwechselt

werden. Wer Witz hat, spaltet mit der Schärfe seiner Worte, der Humorvolle tritt in menschenfreundlicher, ja naiver Gestalt an uns heran. Mit lautem Lachen und offenen Armen steht er vor uns.

Jeder kennt Männer, die Frauen durch Humor zu verführen wissen. Mit sinnlichem Eifer widmen sie sich einem Hackbraten und führen gleichzeitig die munterste Konversation. Die dem Humorvollen gegenübersitzende Frau, von Heiterkeit geblendet, gelangt im Laufe eines solchen Abends zu dem Schluss: »Der ist so süß!« Den Bauch, der unschön über die Jeans schwappt, wird sie großzügig übersehen. Vor allem, wenn der Humorvolle es zu einem gewissen beruflichen Erfolg gebracht hat. Sein Makel: dass er eher geliebt als in erotischer Umnachtung begehrt wird. Seine größte Chance: dass er bisweilen unterschätzt wird. Er öffnet die Herzen anderer mühelos. Denn er gilt als gütig. Man vertraut sich ihm an. So sammelt er im Laufe der Zeit Wissen um Peinlichkeiten anderer an.

Ganz anders ergeht es uns mit den Geheimnisvollen. Vor den Geheimnisvollen erzittern wir auf Anhieb und fühlen uns doch zu ihnen hingezogen, diesen wortkargen Menschen, denen wir eine faszinierende Vergangenheit zuschreiben. Schmerzvoll war sie gewiss, aber das hat sie reifen lassen zu beinahe jenseitigen Charakteren. Sie sprechen selten, doch wenn sie etwas sagen, hat es den Anschein, als kämen Dinge von Gewicht ans Licht.

Auf Empfängen steht ein geheimnisvoller Mensch abseits, doch wirkt er nicht verloren. Eine Spur von

Verachtung ist seinem Ausdruck eigen, doch er wirkt dadurch nicht abstoßend. Denn ist um ihn herum nicht das profanste Geschwätz? Dem Geheimnisvollen haftet eine düstere Schönheit an. Ihn anzusprechen begehren wir, doch wir wagen es nicht; ihn zu küssen verlangt uns, doch wir fürchten seine Lippen. Er verspricht Bedeutung in einer sinnsuchenden Zeit.

Schön also, wenn Sie zu den Geheimnisvollen gehören, die natürlich nicht als Geheimnisvolle auf die Welt gekommen sind, sondern sich ihre Aura durch zähe Übung abgerungen haben. Die Geheimnisvollen geben immer nur in kleinen Dosen etwas von sich preis: ihre Telefonnummer, ihr Lachen, ein Kleidungsstück. Sie wissen, dass Erotik auf der Ökonomie des Wissens beruht. Deshalb entkleiden sie sich so langsam. Mit jedem Geständnis schaffen die Geheimnisvollen nur ein neues, unergründliches Geheimnis ihrer selbst, das zu lüften jeder Verliebte sich vornimmt. So unheilvoll verfällt man Geheimnisvollen.

Die Geheimnisvollen sind mächtig. Sie schaffen Abhängigkeiten, die zerstören. Sie lassen Verliebte zappeln. Sie gehen nicht ans Telefon, wenn man sie am dringendsten zu sprechen begehrt. Immer entziehen sie sich schmerzhaft. Begegnungen mit ihnen sind immer nur flüchtig. Alle rätseln etwas in sie hinein. Die Geheimnisvollen verdecken, dass kein Geheimnis ihnen anhaftet.

Der Makel der Geheimnisvollen: dass sie eher in erotischer Umnachtung begehrt, als geliebt werden. Ihre größte Chance: dass sie bisweilen überschätzt werden.

Der virtuose Verstellungskünstler vermag beides zu sein: Humorvoll und geheimnisvoll, je nachdem, welchen Zustand sein Vorhaben erfordert. Und immer denken die anderen, dass sie unverrückbaren Charakterzügen ausgesetzt sind. Nur der Verstellungskünstler weiß, dass er sich vom Humorvollen jederzeit in den Geheimnisvollen verwandeln kann, vom Geheimnisvollen in den Humorvollen.

Die Geheimnisvollen sind schön, die Humorvollen liebenswert.

21   Einen Kompromiss vortäuschen

Auch noch dieser Termin! Sie blicken ungläubig in Ihren Kalender, rufen Ihre Sekretärin Karin Sentmüller an: »Gleich muss ich den Kai Lantzer treffen?« – »Ja«, sagt Ihre Sekretärin, »das ist so vereinbart.« – »Das lässt sich wohl nicht mehr verschieben ...«, sagen Sie mehr zu sich selbst. Die Sekretärin sagt, dass Sie Ihren Mitarbeiter bereits letzte Woche vertröstet haben. »Ja, ja, ich weiß«, erwidern Sie, »er soll sich aber ein wenig gedulden. Ich muss kurz an die frische Luft.«

Sie legen auf, greifen nach einem dünnen Ordner, streifen sich Ihren Mantel über und erreichen bereits fünf Minuten später ein kleines Restaurant, das einen separaten Raucherbereich eingerichtet hat. Sie stecken sich erst einmal eine an. Seit der Betriebsrat im Einklang mit der allgemeinen Gesetzgebung, da sich einige Mitarbeiter beschwert hatten, ein rigoroses Rauchverbot in Ihrem Verlag durchgesetzt hat, dürfen Sie selbst in Ihrem eigenen Büro nicht mehr rauchen. Sie tun es natürlich trotzdem – Gott, Sie sind der

Verlagsleiter, aber zumeist begehen Sie diesen Regelverstoß erst am frühen Abend, wenn ohnehin kaum mehr jemand im Verlag sitzt.

Sie bestellen, wie immer, einen doppelten Espresso mit Milchschaum, blättern durch den dünnen Ordner, der die Gehälter in Ihrem Verlag auflistet. Kai Lantzer, keine Frage, ein guter Lektor, noch so jung, Anfang dreißig, den haben Sie selbst entdeckt. Ziemlich umtriebig ist der, Sie lächeln, wie der Ihnen vor einem Jahr die Übersetzungsrechte eines großen britischen Romans über den Bombenkrieg der Deutschen vermittelt hatte! Literatur über Nazis, klar, das läuft immer halbwegs, vor allem, wenn sie gut gemacht ist, aber eine für deutsche Verhältnisse monströse sechsstellige Summe hinzublättern, ja, da schüttelten die anderen Verleger nur die unbehaarten Köpfe. Das rechnet sich nicht! Ihr seid verrückt, haben die gesagt. Aber nun scheint die Rechnung tatsächlich aufzugehen. Auch, da Lantzer ein Magazin zum Vorabdruck des Werkes bewegen konnte. Das Magazin hat jetzt sogar eine große Online-Plattform eigens für dieses Buch eingerichtet, was Sie sehr freut, da dieser ganze Rummel einer riesigen Gratis-Werbeaktion gleichkommt. Und dann gibt es ja auch noch diesen Überraschungserfolg eines jungen Autors, den Kai Lantzer aufopferungsvoll betreut hat und den man beinahe schon hatte fallen lassen. Nur ein dünnes Bändchen. Aber: Platz 7 auf der Bestsellerliste!

Guter Mann, der Kai Lantzer, vielleicht ein bisschen überengagiert. Na ja, das wird sich geben. Dass der aber gleich, mit dem ihm eigenen forschen Blick, zu Ihnen ins Büro zu treten beabsichtigt, damit Sie ihm sein Gehalt aufstocken, missbehagt Ihnen dennoch sehr. Denn die Auslagen in den vergangenen Monaten waren erheblich. Die Autoren, vertreten von ihren raffgierigen Agenten, werden immer dreister, die Vorschüsse, die sie verlangen ... Sie verziehen das Gesicht, da ist wieder dieses Stechen in der Magengegend. Sie müssen unbedingt mal zum Arzt. Sie schnaufen. Ach, zu nichts hat man mehr Zeit, jeder will was von Ihnen, dauernd klopft es an Ihrer Tür, hier eine Unterschrift, da eine Konferenz, dann noch die Sache mit Karin, von der Sie die Finger nicht lassen können. Noch zwei Jahre bis zur Rente. Nicht, dass Sie sich darauf freuen. Jetzt schon hat ein hässliches Gerangel um Ihren Posten begonnen. Diese Gier. Zwei Jahre werden Sie Ihre möglichen Nachfolger noch gegeneinander ausspielen. Diese Affen, die sind Ihnen nicht gewachsen. Wenn Sie mal nicht mehr da sind ... nicht auszudenken! Tja, und Ihre Frau. Nicht gerade eine große Stütze. Sie macht jetzt ein Fernstudium und einen Yoga-Kurs. Schöner wird die auch nicht mehr. Abends verbreitet sie ihr großes Wehklagen: Sie hätten sie in ihrer Entwicklung gehemmt, sie sei immer nur für die Kinder da gewesen usw.

Ist eigentlich jedes Leben ein billiger Roman? Verlegen würden Sie den nie.

»Jetzt ein Glas Wein?« Die Frage kam wie aus dem Off. Sie blicken hinauf, hübsche Brüste, die Bedienung. Sie grinsen: »Ja, wie immer.«

Dann zünden Sie sich erneut eine Zigarette an.

Man darf ja als Chef zu Gehaltsverhandlungen niemals pünktlich erscheinen. Es ist schon ganz recht, dass der Lantzer noch etwas mit den Füßen scharrt. Der Wein, so rasch, schön. Wein, gerade tagsüber, belebt Sie immer sehr. Gleich sind Sie wieder in Form.

»Ah, Herr Lantzer, kommen Sie, kommen Sie!« Sie täuschen im langen Flur des Verlags eine gewisse Eile vor, führen Lantzer in Ihr Büro. »Schön, dass es endlich klappt, dass wir mal in Ruhe sprechen können. Entschuldigen Sie meine Verspätung. Sie können sich nicht vorstellen, wie dicht gedrängt die Termine ... Setzen Sie sich doch bitte. Möchten Sie einen Kaffee? Ja? Karin ..., äh, Frau Sentmüller!«

Kai Lantzer, nachdem Sie sich noch einmal kurz entschuldigt haben (Sie müssen die Toilette aufsuchen), blickt sich in Ihrem Büro um. Schon schön, denkt er. Prall gefüllte Bücherregale; das große, surrealistische Gemälde über Ihrem ausladenden Schreibtisch, ein wuchtiges Tier ist darauf zu sehen, na ja; aber die Aussicht auf die Stadt von der breiten Fensterfront aus gefällt Kai Lantzer sehr: das heitere Gewusel der Passanten. Von seinem eigenen Büro aus ist nur der düstere Innenhof zu sehen, ein dunkler Raum, drückt auf die Stimmung, gerade im Winter. Hauptsache, das Gehalt macht einen ordentlichen Sprung.

Karin Sentmüller lächelt, stellt die beiden Kaffeetassen auf den Glastisch, der zwischen zwei Sesseln steht, stöckelt hinaus.

Jetzt treten auch Sie wieder ins Zimmer. »Danke, Frau Sentmüller!«, rufen Sie ihr noch nach. Sie setzen sich Kai Lantzer gegenüber, ganz ruhig wirken Sie nun, konzentriert, kommen gleich zur Sache: »Herr Lantzer, Sie wissen, ich bin hochzufrieden mit Ihrer Arbeit. Sie sind, ich sage das ohne Scheu, eine wichtige Säule unseres Verlags. Sie sind noch sehr jung. Da muss man sich manchmal etwas gedulden. Das war bei mir früher nicht anders. Trotzdem: Ich werde veranlassen, Ihr Gehalt um hundertfünfzig Euro aufzustocken!«

Kai Lantzer erblasst, blickt Sie mit einem hässlichen Zucken der Oberlippe an, fragt ungläubig: »Hundertfünfzig?«

»Ja!«, sagen Sie strahlend.

Kai Lantzer schweigt.

Sie nehmen einen Schluck Kaffee, machen Anstalten aufzustehen: »So, gleich ist die Konferenz, da sehen wir uns ja in einer halben Stunde wieder ...«

Kai Lantzer unterbricht Sie: »Hundertfünfzig ist zu wenig.«

Sie sinken in den Sessel, blicken überrascht: »Zu wenig? Das verblüfft mich. Das sind, lassen Sie mich kurz den Prozentsatz überschlagen ...«

»Sechshundert«, sagt Kai Lantzer knapp.

»Sechshundert?«, wiederholen Sie und heben die Arme, schauen ihn völlig entgeistert an, in etwa so, als habe er Ihnen gerade gebeichtet, einen furchtbaren Mord begangen zu haben. Dann schütteln Sie langsam den Kopf: »Undenkbar. Völlig undenkbar!«

Sie ahnen natürlich bereits, was Kai Lantzer jetzt

andeutet: ein anderer Verlag umwerbe ihn derzeit, es habe bereits Vorgespräche gegeben usw.

»Mmmh«, murmeln Sie nachdenklich. »Ich mache Ihnen einen Vorschlag«, fahren Sie mit fester Stimme, die keine Widerrede duldet, fort: »Lassen Sie uns in einer Woche die Verhandlungen fortsetzen. Wir werden uns offenbar nicht auf Anhieb einig. Ich werde sehen, was ich für Sie tun kann. Genau in einer Woche? Gleiche Zeit? Gut.«

Den Termin werden Sie von Karin Sentmüller noch einmal um zwei Tage verschieben lassen (aufgrund eines verlängerten Wochenendes in der Pfalz, das auf Drängen Ihrer Frau vollzogen werden musste, samt mühsamer Wanderung, Weinprobe usw. Und als Sie Kai Lantzer zur Fortsetzung der Gehaltsverhandlungen treffen (wieder sind Sie ein klein wenig zu spät gekommen), beginnen Sie mit einer recht langen Vorrede: Sie lobpreisen seine Qualifikationen (sein Verhandlungsgeschick, sein Sprachgefühl usw.) in noch übertriebenerer Weise als bei der ersten Verhandlungsrunde und so lange, bis er geschmeichelt lächelt. »Es gibt derzeit«, sagen Sie, »ein großes finanzielles Risiko für unseren Verlag, ich bin zuversichtlich, aber wir müssen einfach abwarten, ob unser britischer Nazi-Roman hält, was er verspricht.« Trotz der Risiken bieten Sie ihm nun 200 Euro an. Mehr sei einfach nicht drin. Sie bitten um Verständnis.

Nun sind Sie auf drei Eventualitäten eingestellt. Wenn es stimmt, was Kai Lantzer vor einer Woche angedeutet hat, was Sie aber nicht glauben (dass er ein Angebot eines anderen Verlags hat), dann wird er diesen Umstand jetzt offen zur Sprache bringen und rigoros weiterverhandeln. Sie würden ihm in diesem Fall bis zu 600 Euro mehr Gehalt geben.

Zweite Möglichkeit: Kai Lantzer wird, auch ohne dass er ein Angebot hat, rigoros weiterverhandeln. Sie würden ihm, das wäre Ihnen gerade noch möglich ohne Gesichtsverlust, 400 Euro mehr geben.

Die dritte Möglichkeit tritt ein.

Kai Lantzer blickt Sie enttäuscht an, zuckt mit den Schultern, sagt, dass er sich mehr erhofft habe. Sie sagen: »Lassen Sie uns in einem halben Jahr noch einmal zusammensetzen. Ich möchte keinesfalls, dass Sie unzufrieden sind.«

Sie verabschieden sich in halbwegs gelöster Stimmung, Ihr Vorschlag, in einem halben Jahr weiterzuverhandeln, scheint ihn beruhigt zu haben. Und da Sie tatsächlich in keiner Weise daran interessiert sind, ihn zu demotivieren, rufen Sie Kai Lantzer, der bereits halb in der Tür steht, noch einmal zurück: »Noch eine Kleinigkeit, Herr Lantzer. Eigentlich könnten wir, dachte ich, zum Du übergehen.« Sie strecken ihm die Hand entgegen: »Hermann.«

»Kai«, sagt Kai Lantzer.

Jede Verhandlung muss den Eindruck hinterlassen, als habe man sich in der Mitte von einander widerstrebenden Interessen getroffen. Sie beherrschen derlei Künste nahezu perfekt. Sie wissen das. Noch zwei Jahre. So lange wird Ihnen hier keiner etwas vormachen.

Sie sind noch eine Weile alleine im Zimmer, rufen dann Ihre Sekretärin an.

»Karin, Liebes«, sagen Sie.

»Du musst an die frische Luft?«

»Genau. Und falls jemand anruft oder mich sucht ...«

»Du hast einen wichtigen Termin.«

»Genau so ist es.«

Auf dem Weg in Ihr Restaurant spüren Sie wieder dieses Magenstechen. Wird gleich schon wieder, der Tag ist einfach zu schön, als dass es sich lohnte, hierüber einen Gedanken zu verschwenden. Sie blicken nach oben. Keine Wolke trübt das satte Blau.

22 Mit der eigenen Kompliziertheit kokettieren

Annette Kirchmann, eine 37-jährige Kunsthistorikerin, während eines verlängerten Wochenendes auf einer ostdeutschen Insel, schloss sich mehr aus Langeweile als aus rechtem Interesse einer Führung durch ein für die Künstlerbewegung um 1900 nicht unwichtiges, schlossartiges Haus an, das sich sanft ans Meeresufer schmiegte und ausladenden Jugendstil mit englischen Landhauselementen vereinte. Wenigstens war sie dergestalt, nachdem sie große Begeisterung für das geschichtsträchtige Gebäude geäußert hatte, für wenige Stunden der Gesellschaft einer älteren Freundin entflohen, die sie nach längerer Zeit zum ersten Mal wieder getroffen hatte und die durchaus sich gastfreundlich zeigte, wenngleich, wider Erwarten, die Gespräche mit ihr sich unter großer Befangenheit nur vollzogen. So recht hatte man sich nichts mehr zu sagen, saß über Stunden vor einer großen Kanne Tee, mühsam sich alten Erinnerungen hingebend. Die Freundin war einst Annettes Vorgesetzte gewesen, als sie noch Studentin

gewesen war und aushilfsweise in einem Meinungsforschungsinstitut gejobbt hatte. Sie leitete das Institut damals, war aber nach einem großen beruflichen
Misserfolg auf diese Insel gezogen, um, wie sie sagte,
»erst einmal zu sich selbst zu kommen«. Annette ver-
mutete, dass dieses Zu-sich-selbst-Kommen ihr nur
wenig bekam, da sie auf beinahe unheimliche Weise
gealtert schien und der früheren geistigen Wachheit
deutlich entbehrte.

Die Besichtigung begann auf dem Aussichtsturm.
Die Fremdenführerin, eine ortskundige Rentnerin,
sagte, der Turm, auf dem man stehe, rage als höchster
Punkt des nördlichen Hochlands, des sogenannten
Dornbuschs, über die südliche Tiefebene der Insel.
Man erblickte reetgedeckte Fischerhäuser, die sich als
kleine braune Punkte in der Landschaft verloren.
»Dort ist übrigens Dänemärk«, sagte die Fremdenfüh-
rerin und wies mit dem Zeigefinger auf das bewegte
Meer, das die Besucherschar, die – bis auf Annette
Kirchmann und einen jüngeren Mann – aus Hochbe-
tagten sich zusammensetzte, mit zusammengeknif-
fenen Augen zu erspähen suchte. Tatsächlich schälte
sich mit ein wenig Einbildungskraft die Küsten-
kontur einer der dänischen Inseln aus dem nebligen
Horizont.

Allerhand erfuhr man bei der Besichtigung der
in biedermeierlicher Behaglichkeit eingerichteten
Räumlichkeiten, die einst einem Künstler gehört hatten, der schon zu Lebzeiten eher für seine Geselligkeit
als sein Schaffen gerühmt worden war. Der Dichter
Thomas Mann habe für einige Tage hier gewohnt,

auch Albert Einstein sei Gast gewesen und Sigmund Freud. Die Fremdenführerin verstrickte sich in ausufernde, mit Detailreichtum versehene Erzählungen über die einstigen Ferienaufenthalte der berühmten Gäste, nur unterbrochen von Zwischenbemerkungen der Besucher, die sich eine größere Lautstärke des Vortrags erbaten, die Akustik im Haus sei schlecht.

Annette Kirchmann, sie wusste selbst nicht recht, warum, beobachtete den jüngeren Mann, der, statt den Ausführungen der Fremdenführerin zu folgen, sich im Empfangsraum des Hauses, in dem man mittlerweile angelangt war, mit, wie ihr schien, größter Versunkenheit einen grazilen, in die Wand eingelassenen Ofen betrachtete, durch dessen bunte Glimmerscheiben man sich einst am Spiel der Flammen erfreut haben mochte; über dem Kamin hing eine verwaiste Kachel, die der Mann vorsichtig betastete. Sie war bemalt: Adam und Eva wurden expressionistisch aus dem Paradies vertrieben. Dann folgte sein Blick, nicht weniger andächtig, dem vegetabilen Deckenstuck, der die ewige Verschmelzung von Kunst und Leben, dem sich der Jugendstil um die Jahrhundertwende emphatisch verschrieben hatte, versinnbildlichte.

Er heiße David Schweikert, sagte er, ihr die Hand reichend. Und Annette Kirchmann, entsetzt, dass er so unvermittelt auf sie zugetreten war, sagte nur: »Ja.«

Eins sei zum anderen gekommen, erzählte Annette Kirchmann am nächsten Tag ihrer Freundin, die sich die größten Sorgen gemacht hatte, da sie die Nacht über weggeblieben war. Zwar hatte ihr Annette eine SMS geschrieben, in der knapp angekündigt worden war, dass sie derart verspätet zurückkehren würde, doch erschien ihr die ganze Angelegenheit höchst ungewöhnlich.

Nun, erklärte Annette, nach der Führung, die sich noch sehr in die Länge gezogen habe, sei sie mit ihrer Bekanntschaft im einzigen Lokal des Ortes einge-kehrt. Dort habe ihr der Fremde erzählt, dass er in Hamburg über den Jugendstil forsche und sich aus Recherchegründen schon lange dieses Inselhaus ein-mal habe anschauen wollen. Seine Erwartungen seien übertroffen worden.

Man habe über die Maßen getrunken, bis hinein in die tiefste Nacht über den Jugendstil und so manches andere gesprochen. Unter anderem darüber, dass sich David Schweikert, bevor er sich, aus Bildungsleiden-schaft, wieder an die Hamburger Uni begab, eine recht beachtliche Karriere als Maler in der Hauptstadt hingelegt hatte. Ein ihr zufällig bekanntes Bild (es hatte in Fachkreisen gewisses Aufsehen erregt) zeige einen Ochsen am Strand. Das sei eine schöne Überra-schung gewesen, den Künstler mal leibhaftig zu tref-fen. Ein paar Jahre älter als sie selbst sei er. Er gefalle ihr. Auch äußerlich. Der habe was.

Kurzum: Man sei schließlich derart beschädigt ge-wesen, dass es sich regelrecht angeboten hätte, der Aufforderung des Wirtes nachzukommen, in einem der über der Gaststätte befindlichen Gästezimmer zu nächtigen, anstatt in die regnerische Nacht zu treten.

»Ah«, sagte die Freundin knapp. Und Annette erzählte noch, wie zu sehr später Stunde sich einige Sätze des Fremden ihr besonders eingeprägt hätten. Der Fremde habe erzählt, was sie sehr gut aus eigener Lebenserfahrung kannte, wie sehr er sich schon immer als Außenseiter gefühlt, immer einen Abgrund gespürt habe zwischen dem schon bedeutungsleeren Gerede der Kinder in der Schule, später dem der Kollegen und der eigenen, dunklen Seelentiefe: Wahrscheinlich deshalb neige er, habe David Schweikert ihr anvertraut, bisweilen zur Schwermut und dem Gefühl größter Verlorenheit, die man nur mit einem aus der Erdumlaufbahn gestoßenen und in unendlichen Weiten umherirrlichternden Raumschiff vergleichen könne.

Das klinge natürlich jetzt, sagte Annette, beinahe ein bisschen albern, nacherzählt klingen solche Sachen immer albern. Aber: Sie hätten ausgemacht, sich bereits nächstes Wochenende wiederzutreffen. Hamburg, habe er ihr im Halbschlaf gesagt, während sie durch sein Haar strich, sei eine Reise wert. Man habe ausgemacht, die St.-Petri-Kirche zu besichtigen. Allein die prächtige Glocke der Kirche, die den Aposteln Peter und Paul gewidmet sei, rechtfertige eine ausführliche Begehung.

PS: Sehr besorgt, ob es David wohl gut gehe, war Annette, als sie nur einen Tag vor der vereinbarten Wiederbegegnung eine SMS von ihm erhielt, in der sinngemäß stand, dass er derzeit wahnsinnig gestresst sei, daher absagen müsse, sich eine Woche später aber melden würde.

23 Andere in Rage bringen

Wir sind immer dann aufs Äußerste gereizt, wenn wir eines Argumentes sicher sind, uns aber widersprochen wird. Wenn uns sicher scheinende Tatsachen bösartig verdreht werden, geraten wir in Rage. Was beinahe immer unvorteilhaft ist, denn so gut wie jeder ist hässlich, der sich aufregt.

Der Tag begann eigentlich ganz gut für Sascha, unseren jungen Anwalt.

Er musste erst mittags ins Büro und nahm diesen schönen Umstand zum Anlass, einen ziellosen Spaziergang durch das Viertel zu machen, in irgendeinem dieser neuen Cafés, die nun überall eröffnet wurden, würde er sich vielleicht seiner geschätzten Wochenzeitung annehmen. Die klemmte er sich jedenfalls unter den Arm. Nur diese eine sehr bestimmte Lounge, bestrichen in den sanftesten Pastelltönen, würde er meiden. Die ist immer von Müttern und ihren, den Weg zur Toilette verstopfenden Kinderwagen belegt und erinnert ihn an seine Ex-Freundin Kirsten, da er mit ihr dort so manchen

Sonntagnachmittag verbracht hat. Gott, was ist Sascha froh, diese Beziehung nun halbwegs überwunden zu haben.

Sie endete übrigens derart klischeehaft, dass der Erzähler ein wenig zögert, darüber Bericht zu erstatten.

Nun gut: Eines Tages hatte sich Sascha in allerdüsterster Geistesverfassung, da er auf denkbar unglückliche Weise einen Prozess verloren hatte, früher als zunächst beabsichtigt auf den Nachhauseweg gemacht, um sich von Kirsten ein wenig trösten zu lassen. Vielleicht könnten sie essen gehen oder sich einen Film ausleihen, dachte er. Im Hausflur prallte er mit einem jungen Mann zusammen, der es offenbar sehr eilig hatte.

Wie er bereits kurz darauf von Kirsten erfahren sollte, hieß er Christian. Die Indizien waren eindeutig: Kirsten, als er in die Wohnung trat, saß (es war früher Nachmittag) nur mit einem Bademantel bekleidet in der Küche, sprang aber sogleich auf, blickte ihn mit offenem Mund an, eilte ins Schlafzimmer, sagte, wild umhergestikulierend, sie fühle sich krank, hätte den ganzen Tag schon unter den schlimmsten Kopfschmerzen und Fieberattacken im Bett gelegen usw. Doch natürlich bemerkte Sascha sehr genau, wie sie während ihrer Ausführungen mit einer linkischen Fußbewegung ein auf dem Parkettboden hässlich abgestreift liegendes Kondom unter das Bettgestell zu schieben suchte und dabei beinahe auch noch gestürzt wäre. Wir wollen nicht genauer werden.

Es störte Sascha an diesem Morgen also nur, dass

ihn in seinem Stadtteil so vieles an Kirsten erinnerte (er war nach der Trennung nur wenige Straßen weitergezogen, vielleicht ein Fehler). Der Friseursalon etwa, den er gleich passieren würde. Da ließ sich Kirsten immer die Haare schneiden. Sascha war da noch nie drin gewesen. Kirsten erzählte ihm einmal mit Begeisterung, dass dort manchmal ein Pianist an einem Klavier sitze. Das erschien Sascha etwas übertrieben. »Mehr was für Frauen«, dachte er damals.

Er blickte erstmals durch die Fensterscheibe, sie war ziemlich dunkel getönt, aber er konnte eine Frau erkennen. Womöglich eine Angestellte. Sie trug ein T-Shirt mit dem Schriftzug »I prefer sex to gender«. Sascha schüttelte den Kopf, musste dann aber doch lachen.

»Eine Cola light, bitte«. Noch zwei Stunden würde sich Sascha gönnen, irgendwann musste er ja schließlich diese ganzen Überstunden abfeiern. Wie außerordentlich warm dieser Februar doch war! Dass man schon draußen sitzen konnte! Er knöpfte sich das Jacket auf, dehnte sich, schlug die Zeitung auf, blätterte, blieb schließlich an einem unglaublich spannenden Porträt über den Schauspieler Edgar Selge hängen. Er las die Autorenzeile. Komplizierter Name, aber guter Autor, muss man sich merken, dachte er.

Kurze Zeit später, er war am vorletzten Absatz angelangt, wurde Sascha jäh aus der Lektüre gerissen. Er blickte auf das Display seines Handys. Sein Chef: Ob er, Sascha, nicht doch schon jetzt ins Büro kommen könne? Eine Klientin beharre darauf, ihn sofort zu sprechen. Sie sei kaum zu beruhigen.

Wer es denn sei, fragte Sascha.

»Frau Karst«, sagte sein Chef. Sie besuche gerade ihren Sohn in der Stadt und sei deshalb persönlich vorbeikommen. Er sei überrascht, sagte der Chef noch, er dachte, der Fall sei abgeschlossen.

»Ist er auch«, sagte Sascha.

»Egal, ich möchte, dass du sofort zu uns kommst.« Frau Karst sitze in seinem Büro und wolle es erst wieder verlassen, wenn sie mit ihm, Sascha, gesprochen habe. Eben habe sie, als man sie höflich zum Gehen bewegen wollte, sogar gebrüllt, mit der Polizei gedroht usw.

Der Fall Karst. Furchtbare Geschichte. Sascha saß in seinem Auto, der Verkehr war zäh, er fluchte. Die ganze Sache hatte ihm vor längerer Zeit Kirsten eingebrockt. Damals wohnte sie noch in einer WG, man war aber bereits ein Paar. Ihr Mitbewohner hatte Kirsten darum gebeten, Sascha zu fragen, ob er sich eines Problems seiner Eltern annehmen könne. Er wollte ihr damals diesen Gefallen tun, ja, warum denn nicht.

Sascha war neu in der Kanzlei damals, ein kniffliger Fall. Eigentlich ideal, um sich zu profilieren. Frau Karst, die Mutter des WG-Mitbewohners, hatte damals am Telefon in rheinischem Tonfall über die Frühpensionierung ihres Mannes geklagt. Die sei nämlich, behauptete sie weinend, nicht ganz freiwillig vonstatten gegangen. Vielmehr sei ihr Mann dazu von seinem ehemaligen Arbeitgeber, einem großen Telekommunikationsunternehmen, gezwungen worden.

Spannend, dachte Sascha damals. Kleine Leute gegen einen großen Konzern. Das passte gut in seine Vorstellung des eigenen Rechtsempfindens.

Irgendjemand hupte. Grün. Er gab Gas. Sascha dachte an die Gerichtsverhandlung, zu der es kürzlich nach einem langen Hin und Her gekommen war. Ein einziges Desaster. Als Herr Karst, wegen dem ja die ganze Sache veranstaltet worden war, in den Zeugenstand gerufen wurde, sagte dieser, zur Verblüffung seiner Frau, die ihn daraufhin versteinert anblickte, dass er keineswegs von seinem Arbeitgeber gezwungen worden sei, den Betrieb zu verlassen. Vielmehr, er sei freiwillig gegangen.

Warum er dann prozessiere, fragte der Richter irritiert.

Herr Karst, die Frage ignorierend, sagte, er wolle seine Ruhe. Außerdem habe er Hunger.

»Frau Karst«, sagte Sascha, »was für eine Überraschung!« Sein Chef saß neben ihr auf einer Sitzecke in seinem Büro, die Stirn in Falten gelegt, murmelte: »Endlich.«

»Sie werden doch«, sagte Sascha halb scherzend zu beiden, »den Prozess nicht neu aufrollen lassen wollen?«

»Nein, das nicht«, sagte Frau Karst, zeigte dann erregt auf Briefe, die sie mitgebracht und auf einen kleinen, runden Tisch gelegt hatte. Was denn die ganzen Rechnungen sollten, fragte sie. Dann verschränkte sie die Arme.

»Nun«, sagte Sascha ruhig, »Sie haben den Prozess

verloren. Wir waren natürlich besorgt, da Sie nicht gleich die Prozesskosten beglichen haben. Deshalb die Mahnungen. Aber«, führte er weiter aus, seinen Chef dabei fragend anblickend, »wir können uns womöglich auf eine Ratenzahlung verständigen, sofern ...«

Frau Karst unterbrach ihn, rief laut: »Das sollte doch umsonst sein!«

»Wie meinen Sie das?«, fragte Sascha errötend.

»Das sollte doch umsonst sein!«, wiederholte Frau Karst.

Der Chef, nachdem er kurz auf seine Uhr geschaut hatte, sagte: »Frau Karst möchte uns sagen, dass du ihr zugesichert hättest, unsere Kanzlei würde die Prozesskosten, unabhängig vom Ausgang des Rechtsstreits, in vollem Umfang übernehmen.« Den Unterlagen nach, der Chef hielt sie in der Hand (ein dicker, schwarzer Ordner), sei zwar keineswegs Derartiges vereinbart worden. Es hätte ihn auch gewundert. Und mündlich sei derlei sicherlich auch nicht zur Sprache gekommen ... Letzteres klang doch zweifelnd. Dann fragte sein Chef: »Oder ist da was dran?«

Frau Karst schluchzte, sagte nochmals: »Das sollte doch umsonst sein!«

Wie auf der Kirmes, dachte Sascha jetzt mit mühsam unterdrücktem Zorn, auch des Verhaltens seines Chefs wegen, der ihm offenbar misstraute. Warum, in Gottes Namen, hatte man ihn in die Kanzlei bestellt, statt die Polizei zu rufen? Klar, damit es nicht heißt, man serviere hier kleine Leute ab, nachher steht wieder irgendwas in der Lokalpresse usw.

»Frau Karst«, sagte Sascha, »ich habe Sie ausführlich über die Risiken unterrichtet, bevor wir einen Prozess anstrengten, der tatsächlich ...«

»Du lügst!«, rief Frau Karst.

Sie duzte ihn. Auch das noch. »Sie duzen mich?«, fragte Sascha. Dann rief er: »Ich lüge nicht.« Er zitterte jetzt ein bisschen.

Der Chef seufzte.

»Halsabschneider!«, rief Frau Karst. Ihr Kleid spannte. Und: »Du Lügner!«

So also kam eins zum anderen.

Jedenfalls war der Chef sehr bestürzt, dass er seinen Mitarbeiter, dem er erst kürzlich das Du angeboten hatte, unter Aufbietung seiner gesamten Leibeskraft davon abhalten musste, auf Frau Karst mit erhobener Faust loszugehen. Zuvor waren noch während des sehr ausufernden, einem Konsens keineswegs zustrebenden Wortwechsels die schmählichsten Beschimpfungen in seinem traditionsreichen Haus zu hören gewesen, was ihn noch heute, wenn er daran zurückdenkt, empfindlich erschaudern lässt.

Am nächsten Tag war man in der Kanzlei wieder zum Sie übergegangen.

Frau Karst aber war Wochen nach dem Zwischenfall, während dem sie übrigens gedroht hatte, einen Fernsehsender auf den Fall anzusetzen (»Wir lassen uns doch nicht verarschen!«, hatte sie gesagt), sehr zufrieden, dass keine Mahnungen die Familie mehr behelligten. Sie sagte zu ihrem Mann, der wie immer mit großer Seelenruhe vor dem Fernseher saß, dass ihr kluger Sohn schon manchmal recht habe. Eine Reise tue ihr hin und wieder richtig gut.

PS: Da die Maxime dieser Geschichte so offen auf der Hand liegt, haben wir verzichtet, sie gegen Ende ausführlich zu erläutern. Nur soviel sei gesagt: Es ist weitaus schwieriger (und kunstreicher), jemanden in Rage zu versetzen, als auf eine derartige Provokation angemessen zu reagieren; sofern man, das aber ist die Voraussetzung, erlernt hat, seine Affekte zu kontrollieren.

24 Höflichkeiten austauschen

Es gibt durchaus Menschen, die auf die Frage, wie es ihnen gehe, antworten: »Das interessiert dich doch gar nicht!« Oder die gar sagen: »Vor einer Woche hat mich mein Mann verlassen, seither trinke ich jeden Tag eine Flasche Rotwein, und mein Chef hat mich darauf hingewiesen, dass ich immer eine Fahne habe. Mir geht es schlecht.«

Welch rücksichtslose, rohe Aufrichtigkeit! Nein, da hält man sich lieber an angelsächsische Gepflogenheiten und antwortet, gefragt, wie es einem gehe, ganz schlicht: »Gut!«

Wer, die Zeit vergessend, wenige Sekunden nach Ladenschluss noch in einer Buchhandlung herumbummelt, an den pirscht sich sogleich eine Verkäuferin heran und sagt, dass man jetzt schließe. Nicht einmal unfreundlich sagt sie das, aber geradeheraus, und niemals käme sie auf die Idee, mit größter Zurückhaltung zu sagen, was anderswo durchaus Sitte ist: »Sir, is there anything else I can do for you?«

Höflichkeit schafft Distanz zwischen den Menschen, sie ist das Bollwerk gegen ihre verletzende Offenheit, sie adelt ihre unüberwindbare Fremdheit. Und da man mit Fremden vor allem an den Höfen der Welt und in den Großstädten konfrontiert war, beide Soziotope sich hierzulande aber nur zögerlich herausgebildet haben, gilt Deutschland, was Höflichkeit anbetrifft, bis heute als ein wenig rückständig.

Weshalb höflich sein? Der Philosoph Arthur Schopenhauer hat, um die moderne Gesellschaft zu beschreiben, die Geschichte der Stachelschweine erzählt. Es drängen sich die armen Tiere an einem kalten Wintertag aneinander, doch kaum kommen sie sich nahe mit ihren furchtbar stacheligen Körpern, verletzen sie sich. Entfernen sie sich weit voneinander, dann drohen sie zu erfrieren. Halbwegs gut geht es ihnen erst, wenn sie eine »mäßige Entfernung« zueinander gefunden haben. Die Stachelschweine in dieser kleinen Erzählung sind natürlich wir Menschen, all unsere widerwärtigen Eigenschaften ertragen wir nur in einer »mittleren Entfernung«.

Die meisten Höflichkeiten tauschen wir mit der größten Selbstverständlichkeit aus, etwa den Morgengruß. Man macht sich durch halbwegs höfliches Verhalten ja nicht unbeliebt, was einem immer von Nutzen ist. Wir hatten *halbwegs* gesagt – denn die filigranen Regeln großbürgerlicher Etikette, bei aller Neigung, sie heute hochzuschätzen, sind weitestgehend in Vergessenheit geraten. Welcher Herr, wenn er nicht der hanseatischen Oberschicht angehört, würde sich heute in einem Restaurant kurz erheben, wenn die Dame Anstalten macht, sich auf der Toilette die Nase zu pudern? Er würde die irritierte Frage ernten, warum er schon beabsichtige zu gehen, ob der Abend ihm nicht gefalle usw.

Derartige Exaltiertheiten, obgleich auch viele Benimmbücher derzeit Gegenteiliges behaupten, gilt es unbedingt zu meiden, da sie den Eindruck höchster Angestrengtheit erwecken. Wenn die Dame aufsteht, um sich die Nase zu pudern, bleiben Sie um Gottes willen sitzen!

Schwieriger verhält es sich bei Verhaltensweisen, die noch vor wenigen Jahren verpönt waren, nunmehr aber tatsächlich eine wunderliche Wiederkehr erleben. Hilft man einer jungen Frau aus dem Mantel? Da gehen die Meinungen weit auseinander, und man rettet sich am besten dergestalt, dass man sein Anerbieten ironisch unterwandert. Man könnte, es ist nur ein Vorschlag, zum Beispiel sagen: »Gnädige Frau, darf ich Ihnen aus dem Mantel helfen?« Das ist recht amüsant, denn selbstredend duzt sich das Paar, das zum Essen schreitet. Ja, es wäre sogar falsch zu sagen, es sei irgendwann zum Du übergangen, vielmehr, wie dies in vielen gesellschaftlichen Kreisen üblich geworden ist, man hat sich schon immer geduzt.

Die Wiederkehr der Höflichkeit hat insofern zu einer gewissen Komplikation im Umgang – vor allem der Geschlechter miteinander –, geführt, da es nunmehr gilt, unprätentiös und höflich zugleich zu sein; eine Paradoxie, die nur durch Ironiesignale einigermaßen aufgelöst werden kann. Uns scheint, dass trotz des neu erwachten Formbewusstseins in Liebesangelegenheiten die Gefahr immer noch weitaus größer ist, sich durch übertriebene Aufmerksamkeitsbekundungen in Misskredit zu bringen als durch eine charmante Nachlässigkeit. In den meisten Fällen ist es völlig ausreichend, einen Willen zur Höflichkeit anzuzeigen, weshalb wir jetzt auch nicht dazu übergehen, die richtige Verwendung des Bestecks zu erklären. Nur eine Unsitte, da sie dem Erzähler ab und an aufgefallen ist, sei angemerkt: Unfein war und ist es und wird es immer bleiben, eine Serviette als Taschentuch zu verwenden – egal ob sie aus Stoff oder aus Papier besteht, egal ob man volltrunken an der Imbissbude steht oder volltrunken in einem von allerlei Sternen prämierten Restaurant eine Gelatine vom Stubenküken im Pumpernickelmantel mit Gänsestopfleber und Pflaumen-Essigsauce genießt.

Höflichkeit ist für den Verstellungskünstler von ausgeprägtem Interesse, wenn sie gezielt als Machtinstrument gebraucht wird und nicht als selbstverständliche Beiläufigkeit im Alltag fungiert. Im Berufsleben zeigt Höflichkeit ihre eigentümliche Macht. Hier, sofern sie einem Geheimwissen gleich zelebriert wird, erzeugt sie mit Leichtigkeit eine bisweilen erwünschte Anspannung zwischen den Gesprächspartnern. Sie vermag auf perfide Weise grob zu sein, da sie den Unkundigen herabwürdigt. Da Höflichkeit sich aber als eine Respektbekundung tarnt, lässt sie sich kaum kritisieren. Sie provoziert ohnmächtige Verlegenheiten noch immer da, wo ein Aufsteiger, etwa während eines Vorstellungsgesprächs, seine Herkunft zu entlarven sich genötigt sieht.

Die Chefin, etwa die eines Meinungsforschungsinstituts, die einem jungen Mann die Räumlichkeiten der Firma zeigt, mag sagen: »Gehen Sie ruhig vor.« Sie wird erwarten, dass der junge Mann sagt: »Aber nein, ich bitte Sie!« Sofern er einfach beherzt vorangeht, dürfte noch immer das gute alte Naserümpfen zum Einsatz kommen, das Schiedsurteil, ob man auch in Zukunft im guten Salon der Dame zu erscheinen die Ehre haben darf.

Die Wiederkehr der Höflichkeit, wie ironisch gebrochen auch immer, ist auch die Wiederkehr der Schwermut, der Wut, der Intrige des Aufsteigers.

25   Seine Meinung ändern

Nicht wenige rühmen sich ihrer Prinzipientreue, einer unverrückbaren Meinung, ihres innersten Gefühls. Gewiss: Eine derartige Verengung von Handlungsoptionen vereinfacht die in unendliche Möglichkeiten zerfallende Welt – doch ist derartiger Rigorismus zumeist mit Nachteilen verbunden!

Sie sind eine Frau, die sich mit einigem Recht lebensfroh nennen darf. Noch zwei Tage nach der Party, auf die Sie aus Zufall gelangt waren (eine Freundin hatte sie mitgenommen), überfällt Sie ein unangenehmer Schauer. Wenn Sie nur an die Anis-Schnäpse zurückdenken, die zu guter Letzt in trauter Runde noch getrunken worden waren und die Ihnen die furchtbarsten Kopfschmerzen beschert hatten … schlimm. Gestern haben Sie den Tag unter leisen Verfluchungen im Bett verbracht. Na ja, darf mal vorkommen. Sie blicken an diesem Morgen in den Spiegel, geht schon wieder. Gestern schien Ihr Gesicht furchtbar aufgedunsen, ogottogottogott, Sie hätten noch nicht einmal der Feuerwehr aufgemacht.

Bruchstückhaft nur noch die Erinnerung. Zuerst der eine Typ ... Timo ... ja, Timo, erzählte viel von einem Café, das er eröffnet hatte. So schlecht sah der gar nicht aus, dieser Dreitagebart hatte etwas Verwegenes, gut, das Eau de Toilette war vielleicht etwas streng, aber erst seine Freundin ... Sie müssen kurz auflachen, wie die in völliger Auflösung herbeigerannt war und ihn geohrfeigt hatte. Furie. Ist das wirklich passiert? Kommt Ihnen heute völlig unwirklich vor. Was war mit der bloß los? Alle denken jetzt natürlich, Sie wären Ursache dieser Ohrfeige gewesen, hätten mit diesem Timo eine Affäre und die arme, arme Freundin wäre dann halt ausgerastet. Ach, sollen die Leute doch denken, was sie wollen. Gut, ein bisschen rumgeflirtet haben Sie schon, ihn wohl mal angelächelt, aber gewiss noch im Rahmen, war doch eine Party ... Sie möchten jedenfalls nicht in der Haut dieser, wie heißt sie nochmal, Anja stecken ...

Timo meldet sich heute bestimmt, will einen Kaffee trinken, einen Spaziergang machen, eine Ausstellung sei hier oder da, die könne man doch gemeinsam besuchen, oder ins Kino gehen! Sie kennen die Männer. Nein, niemals! Es ist immer schlecht, wenn die noch tief im Beziehungschaos stecken, dann wird man schnell zur unseligen Dritten, muss sie dann abwechselnd im Bett und im Café trösten. Das machen Sie nicht!

Ein Mann wäre trotzdem mal wieder an der Zeit. Schon der Gewohnheit wegen. Ist doch alles abgeklärt genug im Leben, so ein Mann, muss ja nicht gleich was Ernstes werden, da kann man sich hineinsteigern für eine Weile. Der andere Typ war ja ... Sie hassen dieses Wort, es fällt ihnen trotzdem ein ... süß. Der andere, mit dem Sie ins Gespräch gekommen sind, nachdem Sie nach der Ohrfeigensache auf Abstand zu Timo gegangen waren. Hat er Sie angesprochen oder Sie ihn? Eigentlich wissen Sie nicht einmal mehr genau, wie der aussah, war ja auch schon spät, überall dieses Getuschel, mit ihm haben Sie sich in eine wenig frequentierte Nische zurückgezogen und, ja, ziemlich viel gelacht, gelästert, der hatte jedenfalls Humor. War nach dem Wirrwar mit der Ohrfeige jedenfalls ziemlich entspannend. Haben Sie ihn geküsst? Mein Gott, wenn Sie das noch wüssten, der ist jedenfalls dann irgendwann abgezogen. War ein ganz kleines bisschen kränkend, schon, heißt aber noch nichts, Sie haben ja Nummern ausgetauscht. Wie hieß der nur nochmal? Danach, in der Küche, gab's dann jedenfalls diesen Anis-Schnaps. Auf den hätten Sie wirklich verzichten können!

Man kann schon fast die Uhr nach den Männern stellen, denken Sie sich mit einer Vorahnung, da ihr Handy mit einem zweifachen Piepsen den Eingang einer SMS signalisiert. Einen Tag nach einer Party melden die sich nie. Aber am darauffolgenden Tag immer. Timo, klar: »Kaffee? Heute? Oder morgen?«

Von dem lassen Sie mal schön die Finger, wahrscheinlich hat sich der Streit mit seiner Alten noch etwas zugespitzt. Aber ganz flott, die SMS, kein großes Gewese, gefällt Ihnen. Irgendwo in Ihrer Tasche muss der Zettel mit der Nummer des Anderen stecken.

Lippenstift, Taschentücher, Tampons, Kalender, kein Zettel, verdammt. Sie durchsuchen Ihre Jeans, nur die zusammengeknüllte Folie einer Zigarettenschachtel. Vielleicht haben Sie die Nummer gleich im Handy abgespeichert, ja, so muss es gewesen sein, aber unter welchem Namen? Unter einem Sonderzeichen, einem Sternchen nur, genau, der Eile wegen, so muss es gewesen sein. Da ist sie. Sie schreiben ihm eine SMS: »Kaffee? Heute? Oder morgen?«

Die Antwort erfolgt erst am späten Nachmittag, den Sie vor dem Fernseher verbringen, irgendeine DVD mit Walter Sindman, beinahe wären Sie eingenickt während einer geschwätzigen Bettszene. Das zweifache Piepsen: »Gerne, aber im Moment wahnsinnig viel Stress, melde mich nächste Woche. Liebe Grüße!«

Wie kompliziert. Na, dann halt nicht! Pech gehabt.

Genau. So ist es recht gedacht. Sie werden schließlich jetzt nicht ins Schlafzimmer gehen und sich vor den großen Spiegel stellen, nicht mit kaltem Blick abwägen, ob die zwei Kilo, die sie kürzlich zugenommen haben, störend ins Auge springen. Sie werden nicht ihr Gesicht, die paar Falten, die man mit Anfang dreißig so hat, ihrem scharfen Urteil unterwerfen. Nur weil irgendein dahergelaufener Mann Sie nicht gleich mit Blumensträußen bedrängt!

Sie werden etwas ganz anderes tun, etwas, das Ihrer gesunden Selbsteinschätzung eher entspricht. Da Sie nämlich sehr genau wissen, dass Prinzipien immer eines sehr weiten Deutungsspielraums bedürfen, schreiben Sie nun Timo zurück: »Heute 9 Uhr in der *Bar.« Ziemlich forsch, ja, aber da Sie schon des

Öfteren gedacht haben, dass Ihnen die Wesenszüge einer Femme fatale besonders gut stehen, sind Sie mit der SMS ziemlich zufrieden. Und wenngleich die Antwort mit leicht ironischem Unterton abgefasst war, durchfuhr Sie ein kleines Triumphgefühl, als Sie lasen: »Zu Befehl!«

In gewisser Hinsicht kann diese Geschichte allegorisch für alle Maximen dieses Buches einstehen. Denn natürlich beansprucht keine von ihnen Geltung an sich. Der kluge Verstellungskünstler hält sich niemals sklavisch an seine eigenen Regeln, das würde seinen Handlungsspielraum allzu sehr einengen. Er achtet sorgsam darauf, dass er seine Maximen stets geschmeidig hält. Denn es kommt immer auf den Kontext an, und Meister ist er gerade darin, sich mit seinem kühlen Analyse-Instrumentarium auf diesen einzustellen.

Erinnern Sie sich noch an den Verlagsleiter? Gleich drei Möglichkeiten, sich zu verhalten, je nachdem, wie sich sein Verhandlungspartner verhalten würde, hat er vorab einkalkuliert. Er musste es bis zu einem gewissen Grad vom Widerstand des Kai Lantzer abhängig machen, wie hoch dessen Gehaltserhöhung ausfallen dürfte.

Der Maler, den Annette Kirchmann kennengelernt hatte, verführte sie mit seiner geheimnisvollen Aura, da er zu Recht ahnte, dass mit einem humorvollen Anstrich bei ihr wenig auszurichten gewesen wäre – zu sehr verlangte auch die außerordentliche Situation (zwei verlorene Seelen auf einer Insel!) die Überhöhung ins Dramatische.

Und Frau Karst? Nun, sie hätte ihre Provokationen Sascha gegenüber gewiss gezügelt, hätte sie gemerkt, dass sie an ihm abgeprallt wären. Sie hätte, mit einer rabulistischen Wendung, dann eher eine mitleidige Rührung bei unserem Anwalt zu erzeugen versucht, durch die weinerliche Darlegung ihrer Lebensumstände (die Krankheit ihres Mannes, die Jobprobleme ihres Sohnes usw.).

Der Verstellungskünstler ist flexibel. Er vermag mit dem Strom oder gegen ihn zu schwimmen, je nachdem, was erfolgversprechender ist. Seine Prinzipienlosigkeit ist ihm Prinzip. Immer hat er eine letzte Karte, die er auszuspielen vermag.

26 Peinlichkeiten verkraften

Ein sehr guter Professor, Experte für die französische Literatur des 19. Jahrhunderts, mit allerhand Preisen dekoriert, geliebt von seinen Studenten, beehrt mit Festschriften zu runden Geburtstagen, gab, nachdem die Berufung eines mittelmäßigen Kollegen an seiner Universität trotz seiner ausdrücklichen Missbilligung vollzogen worden war, dem heftigen Werben einer anderen Universität nach, die ihm nicht nur eine deutlich bessere Ausstattung seines Lehrstuhls zugesagt hatte, sondern die überdies in einer Metropole lag, in die Karl-Heinz Wettering, so hieß der Professor, zu ziehen schon seit langer Zeit begehrte, da er sich, vom Einerlei des Alltags einer Kleinstadt gelangweilt, durchaus vorstellen konnte, öfter als dies bislang möglich gewesen war, an den Empfängen der Kulturwelt teilzunehmen und einen regen Austausch mit Kollegen zu unterhalten.

Allerhand war in seinem neuen Büro einzurichten, neue Computer, Sessel, freundliche, helle Möbel wurden geliefert, nachdem man mit peinlichster Sorgfalt

die im ehrwürdigen Altbautrakt der Universität befindlichen Räume renoviert hatte.

Die Antrittsvorlesung war ein voller Erfolg. Denn
obgleich sich Karl-Heinz Wettering der ganzen Würde, die seiner Erscheinung eigen war, bewusst war
(man konnte mit einigem Recht in diesem Fall von
einem Mann in den besten Jahren sprechen), hatte er
die Klugheit, nicht allzu gravitätisch aufzutreten,
sondern mit der Frische und Selbstironie eines wa-
chen Geistes. Sein Vortrag über »Die menschliche Ko-
mödie« Balzacs war frei von hypotaktischen Satzge-
bilden, indes angenehm präzise im Ausdruck, durch
allerlei Scherze und scheinbar spontane Nebenbemer-
kungen aufgelockert, so dass der Applaus, in den hinein er sich auf bescheidene Weise verbeugte, laut und
nachhaltig erschallte.

Sein Büro war mittlerweile vollständig eingerichtet, durch das offene Fenster drang mildes Licht.
Karl-Heinz Wettering war allein und verspürte erstmals, da er auch die zunächst befristete Einstellung
seiner drei wissenschaftlichen Mitarbeiter und einer
Sekretärin zu seiner Zufriedenheit bewerkstelligt
hatte (sie würden nächste Woche beginnen), ein va-
ges Gefühl der Leere, das sich oftmals zeigt, wenn
die Dinge nach einer Zeit des Trubels zur scheinbaren Makellosigkeit sich fügen und Sorgenfreiheit ein-
fordern.

Jetzt könnte er sich eigentlich mal wieder an seinen Aufsatz über Flaubert setzen, und tatsächlich bewegte sich Wettering an seinen Schreibtisch, zog
seine Lesebrille aus der Schublade und wollte soeben

das bereits Geschriebene überfliegen, als jemand an die Tür seines Büros klopfte.

»Ah, Frau Kirchmann ... von den Kunsthistorikern, richtig, kommen Sie herein.«

Wie alt mochte sie sein? Wettering schätzte sie mit einem unauffälligen Blick auf vielleicht Mitte dreißig, Junior-Professorin. Er hatte sie im Anschluss an seine Antrittsvorlesung kurz kennengelernt. Während sie nebeneinander am Buffet standen, kommentierte sie seinen Vortrag mit nur einem Wort: »Wunderbar!« Das hat unserem Romanistikprofessor, wie jeder leicht begreift, gefallen. Auch hatte er bereits das eine oder andere über sie von seinen Kollegen erfahren, allerdings eher nichtssagend Zotiges, ihr Aussehen betreffende Anmerkungen, die ohnehin auf der Hand lagen, da Annette Kirchmann, recht klein und schlank von Gestalt, mit ihrem eindrucksvoll ebenen, von tiefschwarzen Haaren umrahmten Gesicht von elfenhafter Schönheit war. Annette Kirchmann sei, erinnerte sich Wettering seinen Kollegen Meierwitz, begleitet von einem hässlichen Lachen, sagen, lebhafter, als man zunächst dächte.

Sie sei gekommen, sagte Annette Kirchmann, da sie ihm, Wettering, einen Vorschlag zu unterbreiten habe. Ob er nicht Lust habe, gemeinsam mit ihr, nicht sofort, aber irgendwann einmal, eine interdisziplinäre Tagung zu veranstalten. Sie habe seinen ungemein inspirierenden Aufsatz zu Stendhal gelesen, kürzlich erst, und in einigen, ihr bedeutend erscheinenden Fußnoten seien ihr dabei kunsthistorische Verweise aufgefallen – und da sie sich wiederum für den französischen Realismus seit je sehr begeistere, warum sich da nicht sozusagen gegenseitig befruchten? Der Titel der Veranstaltung könne zum Beispiel »Stendhal und die Malerei« heißen.

Wettering, der keineswegs die Neigung hatte, sich sogleich festzulegen, sagte: »Sehr interessant!« Und nach einer Pause, in der die Verlegenheit, keiner von beiden wusste recht, warum, ziemlich groß war, fügte er hinzu: »Setzen Sie sich doch!«

Man sprach also über Stendhal, vor allem über »Die Kartause von Parma«, die Wetterings fester Überzeugung nach das beste Werk des Dichters überhaupt sei. Die meisten seiner Kollegen verkennen, sagte Wettering, wenn sie behaupteten, dass dem Werk zuviel Schmachtendes, Kitschiges und ganz und gar Unwahrscheinliches anhafte, dass Stendhal Derartiges niemals aus Unbeholfenheit erdichtet habe, sondern es sich dabei um ein raffiniertes Spiel mit Schmachtendem, Kitschigem und ganz und gar Unwahrscheinlichem handele. Annette Kirchmann, indem sie den einen oder anderen Aspekt von Wetterings Ausführungen noch ergänzte, stimmte im Großen und Ganzen lebhaft zu und fragte schließlich, ob er die Freundlichkeit habe, ihr etwas zu trinken anzubieten. Sie habe Durst.

Wettering, der die anfängliche Schüchternheit längst überwunden hatte, sagte, und dabei deutete er auf einen kleinen Büroschrank, es sei nur Champagner im Hause. Er sagte noch, es sei schon 18 Uhr und sozusagen Dienstschluss. Zu seiner Überraschung, er hatte mit zumindest leichtem Widerstand gerechnet und sich bereits eine Überredungsreplik erdacht, erwiderte Annette Kirchmann: »Wunderbar!«

Drei Tage später schritt sie erneut durch die langen Flure der Universität, abermals befand sie sich auf dem Weg zu Karl-Heinz Wettering, um, wie man vereinbart hatte, die Tagungsvorbereitungen zu vertiefen. Als sie die romanistische Bibliothek durchquerte, deren Kopfseite an das Dienstzimmer von Wettering angrenzte, wurde Professor Meierwitz, der sehr ernsthaft mit seinem gedrungenen Oberkörper über Bücher gebeugt saß, vom Klang ihrer Stöckelschuhe aufgeschreckt. Er verfolgte beinahe ungläubig ihre tanzenden Schritte, sah genau, dass Wettering ihr bereits die Tür seines Zimmers aufhielt und sie zur Begrüßung mit Wangenküssen empfing. Was macht die denn die ganze Zeit bei Wettering, dachte Meierwitz und blätterte zerstreut durch ein großformatiges, mit winzigen Fußnoten versehenes Werk. Dann putzte er sich umständlich seine Brille.

Es war bereits kurz vor 20 Uhr. Gleich würde die Bibliothek schließen. Meierwitz, nachdem er sich eine Frage ersonnen hatte, weshalb er Wettering zu so später Stunde in seinem Büro noch aufsuchen müsse, klopfte an dessen Dienstzimmertür. Nichts geschah. Er legte, nachdem er sorgsam überprüft hatte, dass ihn niemand dabei beobachtete, sein Ohr an die Tür. Er vermeinte ein Keuchen zu hören, ein regelmäßiges Ziehen und Zerren, ein leises Lachen. Langsam, wie von einer fremden Macht gesteuert, drückte er die Tür auf, trat mit kurzen Schritten hinein.

Und es dauerte einige Sekunden, bis das Paar, das

die Glieder auf eher konventionelle Weise ineinander verschränkt hatte, bemerkte, dass ihr blasser, ungläubig dreinblickender Kollege an der Tür stand und sie mit offenem Mund beobachtete.

Nun, wer in eine derart peinliche Situation gerät, reagiert oftmals falsch: In der Aufregung macht man ungelenke Bewegungen, entschuldigt sich knechtisch für das Durcheinander usw. Nicht so Karl-Heinz Wettering, der doch mit einem ganz erstaunlichen Selbstbewusstsein ausgestattet ist. Es gab nur eine Schrecksekunde, während der er zusammenzuckte, als er den Beobachter erblickte, dann sagte er zu Annette Kirchmann, von der er sich rasch gelöst hatte, dass er sie kurz um Entschuldigung bitten müsse, trat, nachdem er sich behände die Hose wieder hochgestreift hatte, zu seinem Kollegen Meierwitz und fragte diesen, wie er ihm behilflich sein könne. Er sei so versunken gewesen in Gespräche mit Frau Kirchmann, dass ihm gar nicht aufgefallen sei, dass es an der Tür geklopft habe. Dann trat er ihm noch einen Schritt entgegen. Meierwitz wich wortlos aus dem Raum. Wettering schloss die Tür.

Immer gilt es, sobald man sich in einer peinlichen Situation befindet, um weiteren Schaden von sich abzuwenden, dem Beobachter der Peinlichkeit durch die größte Selbstverständlichkeit im Auftritt, durch Souveränität eine krämerische Sklavenmoral anzuzeigen, ihn sein hässliches Begaffen spüren zu lassen. Unser Professor hätte sich also gar nicht besser verhalten können. Alternativ dazu bietet es sich an, die Situation durch Selbstironie zu überspielen: »Na, da haben Sie uns aber erwischt!« Man sieht sogleich, dass dies aber nur die zweitbeste Wahl ist.

Zwar ist Scham und Peinlichkeit nicht immer vermeidbar, ja, der Philosoph Helmuth Plessner geht gar davon aus, dass jeder an einem Punkte »die Karikatur seiner selbst« wird, da das Innere, das man zur Sprache bringen möchte, an den Grenzen des Körpers und seiner Ausdrucksmöglichkeiten bisweilen zerschelle, ein Umstand, der Grundlage aller Komik der Anschauung sei. Doch gerade derartige Situationen sind wiederum prächtige Chancen, um die schönste Kontrolle über sich selbst und über andere unter Beweis zu stellen.

27 Niemals aufdringlich sein

Wie unglückselig sind die Aufdringlichen! Die um eines Verlangens willen jeder Geduld entbehren und jedes Taktgefühls. Die vom Fieber Befallenen, die Erhitzten, die einer unbedingten Erfüllung zustreben, einer Offenbarung.

Ach, wie rastlos sind die ohnmächtig Verliebten heute wie zu allen Zeiten. Sie schreiben zwei, drei SMS in kürzesten Abständen hintereinander, nicht mit den Fingern auf Gitarrensaiten suchen sie heute ihre Leiden zu stillen, sondern an der winzigen Tastatur ihres Handys. Ihr Blick so drängend auf dem Display, das keine Antwort anzeigt, keine Linderung des Verlangens. Sie rufen an, mehrmals, doch es ist nur die freundliche Stimme der Mailboxansage am anderen Ende.

Verblendete! Lasst ab!

So verzweifelt stellte sich die Layouterin eines großen Modemagazins ganz allgemein die Männer vor, nachdem sie beeindruckend schlechte Erfahrungen mit ihnen gemacht hatte. Sie saß mit ihrer nur um wenige Jahre jüngeren Freundin im Café. Es war Herbst, Laub lag auf der Straße, aber dank der Heizpilze, die das Trottoir säumten, fror es die Freundinnen nur um die Fußgelenke herum ein ganz kleines bisschen. Und da sogar ab und an die Sonne durch die Wolkendecke brach, hatten die beiden Frauen ihre großen Sonnenbrillen griffbereit auf den Tisch zwischen die Kaffees gelegt.

Die Layouterin hatte zunächst ihre Freundin trösten müssen, da ihr in einem Meinungsforschungsinstitut betriebsbedingt gekündigt worden war. Das gelang der Layouterin nicht nur durch allerlei aufmunternde Worte und große, mit vielen Gesten und Berührungen untermauerte Mitleidsbekundungen, sondern auch durch die Behauptung, dass der Job doch ohnehin nichts für die Freundin gewesen sei, sie könne eigentlich ganz froh sein, dass sie da jetzt nicht mehr arbeiten müsse: »So ein Drecksladen! Du hast doch eh was Besseres verdient!«

Als besonders hilfreich hat die jüngere Freundin es empfunden, dass die Layouterin ihr einen womöglich hilfreichen Tipp gegeben hat. Die Layouterin hatte nämlich eine alte Bekannte, die in der Kreativabteilung einer T-Shirt-Firma arbeitete. Dort dachte man sich Slogans für die zu produzierenden T-Shirts aus. Und wie die Layouterin mitzuteilen wusste, war da gerade eine Stelle ausgeschrieben.

»Du bist doch so kreativ! Bewirb dich doch da«, sagte sie. Ihre Freundin erwiderte: »Vielleicht hast du recht.«

»Nun haben wir aber genug von mir geredet«, fuhr

diese, nach einer kurzen Pause, in der sie sich eine Zigarette angezündet hatte, fort: »Wie geht es dir eigentlich?« Auf diese Frage hatte die Layouterin lange gewartet, denn es verlangte sie sehr, über ihre entsetzlichen Erlebnisse Auskunft zu geben.

»Ach«, sagte sie (es war ein »Ach«, das die ganze gebrechliche Einrichtung der Welt in sich zu bergen schien). Nach einer wohlgesetzten Pause folgte der von der Freundin nicht zum ersten Mal gehörte Bericht über ihren Ex-Freund, einen Autor, der, nachdem sich die Layouterin von ihm getrennt hatte, mit einem dünnen Roman reüssiert hatte. Die Layouterin sagte, dass, obgleich der Ort der Handlung darin Mailand sei, eine Verflossene des Protagonisten darin vorkomme, die aufs Unangenehmste ihr gleiche. Diese Frau sei, wenigstens schilderte sie der Erzähler als ausgesprochen gut aussehend, von charakterlich zweifelhafter Natur, ihr sei in den allergröbsten Strichen eine Hinterlist und Gemeinheit angedichtet worden, so dass sie sich wundere, dass sich ein breiter Leserkreis für dieses Machwerk begeistere. »Womöglich gerade deshalb!«, rief die Layouterin noch und sah irritiert, dass die Kaffees wie unter Sturm in den Tassen zitterten. Hatte sie gerade mit ihrer Faust auf den Tisch gehauen? Egal.

Auch den nachfolgenden Bericht der Layouterin, der die Affäre mit einem Maler beinhaltete, kannte die Freundin bereits: ein geistloser, aber nicht unattraktiver Mann sei das gewesen, wie die Layouterin sagte, den sie sich unter nur wenigen Gewissensbissen geangelt hatte, um sich für eine Nacht zu trösten.

Und wenngleich sich die junge Freundin keineswegs ihre Ungeduld hat anmerken lassen, war sie ziemlich erleichtert, dass sich die Layouterin nun jüngeren Erlebnissen zuwandte.

Die Layouterin hat, nachdem sie, wie sie sich ausdrückte, den Maler »abgeschossen« hatte, dem Vorbild einiger ihrer Bekannten folgend, sich bei einer Partner-Onlineagentur angemeldet; aus purer Neugierde, wie sie lachend betonte, um mal zu sehen, »wie das funktioniert«. Die Partner-Onlineagentur hatte den großen Vorteil, dass man, anders als in freier Wildbahn, ganz rigoros eine Vorauswahl treffen konnte, wem man begegnen mochte und wem nicht. Kein Herumgegucke mehr in dummen Bars, kein Herumgerede auf endlosen Partys. Ziemlich unangenehm waren einige Steckbriefe, die Männer von sich ins Netz gestellt hatten. Jeder Zweite wollte »mit einem Lächeln auf den Lippen« neben der ersehnten Frau aufwachen. Manche sprachen in den übelsten Schwärmereien von zu erwartenden Kamin- und Sonnenuntergangsszenarien, andere prahlten mit verwegenen Weltreisen. Als besonders unattraktiv empfand die Layouterin aber die Selbstbeschreibungen der Sozialpädagogen und Psychologen; die Einfühlungsrhetorik, mit der sie eine mögliche Interessentin zu begeistern suchten (sie gaben an, verständnisvoll, zärtlich usw. zu sein), schien ihr derart unmännlich, dass sie sich erschaudernd und belustigt zugleich, wie vom Anblick eines hässlichen Zootiers, von ihnen abwandte.

Kurzum, die Layouterin erzählte, dass es nach dieser Vorauswahl zu lediglich zwei Begegnungen gekommen sei, die zum Schlimmsten gehörten, was ihr jemals widerfahren war.

Der erste Mann, den sie getroffen hatte, ein gewisser Sebastian, braun gebräunt, Programmierer in einer Handy-Firma, war derart aufgeregt gewesen, dass er in dem Restaurant, in dem man beieinander saß, in so großer Eile den Speisen und dem Bier sich hingab, dass er mit einer sich anschließenden heftigen Errötung laut aufstoßen musste. Unter dem Eindruck dieser Unachtsamkeit stehend, war es ihm unmöglich, ein auch nur halbwegs sinnvolles Gespräch weiterzuführen. Ziemlich schweigsam aß man unter gespieltem Wohlbefinden noch rasch die Nachspeise.

Und obgleich, wie jeder begreift, das Treffen nicht gerade zu einer Wiederholung reizte, erhält die Layouterin noch heute die aufdringlichsten Mails und SMS'. Ja, selbst Pralinen hat sich Sebastian kürzlich erdreistet, am Empfang der Redaktion abgeben zu lassen, was die Kollegenschar zu derben Scherzen verleitet hat. Wohl auch deshalb, da sie in einer herzförmigen Verpackung steckten.

Der zweite Mann war eine womöglich noch größere Enttäuschung, Heiko, ein Lokalreporter, der unserer Layouterin nicht einmal aus dem Mantel half und, ohne auch nur eine einzige Frage an sie zu stellen, sogleich raumgreifend von seinem spannenden Job erzählte; er schreibe eine regelmäßige Kolumne, plane ein großes Porträt über den Schauspieler Walter Sindmann usw. Dabei beugte er sich oft und gern der Layouterin bedrohlich entgegen, die nicht nur feststellen musste, dass er übel roch, sondern sich auch Essensreste, unter anderem ein, wie ihr schien, beachtliches Stück Hähnchenbrustfilet, zwischen seinen Zähnen verfangen hatte. Zur großen Überraschung Heikos, da er sich mitten in einem Satz befand und auf eine Pointe zusteuerte, brach die Layouterin, plötzlich aufgetretene Periodenschmerzen vortäuschend und unter lebhaften Erwehrungen, nach Hause geführt zu werden, die Begegnung ab.

Die Freundinnen lachten, bestellten zwei weitere Kaffees. Die Treffen hatten ja durchaus amüsante Aspekte. Wenngleich, wie die Layouterin sagte, es schon ungemein störend sei, dass auch Heiko sie seither mit forschen Kurzmitteilungen behellige; in der letzten stand sogar, sie habe eine erotische Stimme, was ihr schon deshalb suspekt vorgekommen war, da sie sich nicht daran erinnern konnte, an dem Abend viel gesprochen zu haben.

Wir müssen der Layouterin in ihrem harschen Urteil über die hier skizzierten Männer recht geben. Denn mehr noch womöglich als des forschen Zugriffs bedarf die Liebe, damit sie sich recht entfalten kann, einer wohldosierten Abwesenheit des Begehrten. Wie überhaupt an dieser Stelle zur Abwesenheit gesagt werden muss, dass sie es ist, die dafür sorgt, dass man einen gewissen Nimbus entfaltet. Je unnahbarer jemand sich aufgrund seiner repräsentativen Stellung geben darf, das gilt in der Liebe wie im Berufsleben, umso größere Aufmerksamkeit und Ehrerbietung wird ihm dargebracht. Es ist die Seltenheit des Anblicks, die jemanden erhebt. Mit ihm in Kontakt zu stehen erscheint als Gnadengeschenk. Die Seltenheit des Anblicks, der gezielte Rückzug, ist immer Grundlage für die Fama des Mächtigen, der niemals als der verlängerte Arm eines anderen erscheint. Er wirkt stets ungreifbar, unangreifbar und in höchstem Maße unabhängig.

Dass durch die Abwesenheit des Begehrten jedenfalls die Einbildungskraft befeuert wird, hat die Layouterin selbst schon das eine oder andere Mal – und dabei befand sie sich durchaus nicht in hoffnungsvoller Stimmung –, erfahren müssen.

28   Sich geschickt kleiden

Man hört ab und an den Satz, bei Kleidung käme es darauf an, sich in ihr wohlzufühlen. Das stimmt nicht. Es kommt darauf an, in ihr gut auszusehen, gesellschaftliche Zwänge, die mit der Mode einhergehen, zu akzeptieren und sie nicht etwa durch unrasierte Beine oder Achselhöhlen zu bekämpfen.

Zu Recht wurde gesagt, dass hierzulande die Mode in ihrem innersten Wesen oftmals gar nicht verstanden werde, dass der Deutsche keinen rechten Begriff habe vom öffentlichen Raum und deshalb modische Kleidung per se ablehne als Zeichen einer Diktatur des Schönheitsideals oder der Herrschaft des Kommerzes. Jede Form von Eleganz werde als Sünde gewertet.

Das stimmt gewiss, wenngleich man sich auf dem Weg der Besserung befindet, doch die latente Unbeholfenheit in Angelegenheiten der Kleidung macht Mode für den Verstellungskünstler so interessant. Denn er vermag, anders als die Masse der Herrensandalen- und Frotteesockenträger, durch Kleidung geschickt auf sich aufmerksam zu machen.

Es ist ganz und gar unmöglich, hier nun genaue Anweisungen zu geben, welche Garderobe angeschafft werden soll. Zu undogmatisch ist das derzeitige Schönheitsideal. Neben enganliegenden Kleidern, um die makellose Körperform hervorzuheben, findet sich Gewandartiges; Sporttextilien auf Gala-Abenden sind genauso wenig ein Tabu wie ein Maßanzug auf einer gewöhnlichen Party. Und doch erkennt das geübte Auge sogleich, ob ein ironisches Zitat, etwa der Herrenschnauz, bewusst eingesetzt ist oder der Träger nur zufällig seinen Bart in eine Zeit hinübergerettet hat, die diesen halbwegs wieder toleriert. Die Mode scheint ihr Formenreservoir jedenfalls ausgeschöpft zu haben, und es kommt nur noch darauf an, das gerade richtige Revival eines bestimmten Stils nicht zu verpassen, um sich angemessen zu kleiden.

In jeder bewussten Kleiderwahl steckt Inszenierungslust, ihr ist die Verführung eingeschrieben, sie hebt hervor, was den Menschen ausmacht, seine, wie es der Philosoph Helmuth Plessner genannt hat, »zum Antasten verlockende Unantastbarkeit«, seine Lust, andere zu blenden.

Das Wissen um angemessene Kleidung ist immer auch Machtdemonstration. Sich geschickt kleiden bedeutet, die Codes einer Gesellschaft zu kennen, in die es einen hineindrängt; es heißt, Voraussetzungen schaffen, dass man nicht sogleich die Tür gewiesen bekommt. Es ist dabei durchaus vorteilhaft, die Codes einer bestimmten Versammlung zu brechen. Als etwa Stephan Karst für den Vorentwurf einer gewagten Häuserzeile mit einem üppig dotierten, von einer Bank ausgelobten Preis geehrt wurde, war er betont underdressed. Während ein bekannter Architekturprofessor mit schütterem Haar, der die Laudatio hielt, in einem Maßanzug und mit einer Fliege auf die Bühne trat, nahm Stephan Karst den Preis zwar gleichfalls in einem Anzug entgegen, trug darunter aber ein saloppes T-Shirt mit einem beinahe schon »frech« zu nennenden Aufdruck, das ihm eine Unbeschwertheit verlieh, die vor allem den älteren Damen im Publikum, die sich der Jugend seit je wohlwollend anschmiegen, sehr zusagte.

Umgekehrt vorteilhaft wäre es womöglich, er wäre (was er nie ausprobiert hat) einmal auf einer gewöhnlichen Party in der Kleidung des Architekturprofessors erschienen (gut, womöglich ohne Fliege). Nur dann, wenn man die Codes mutig überschreitet, fällt man überhaupt durch Kleidung vorteilhaft auf. Erst dann wird einem Eigenwilligkeit und Autonomie zuerkannt und eine erotische Aura.

Wir werden an späterer Stelle noch von einem Kellner berichten, der in glühender Liebe einer Frau verfallen war, die kurzes, schwarzes Haar trug und ihn mit ihrer erschütternden Schönheit blendete. Es kann gut sein, dass die etwas extravagante, weiße, tunikaartige Bluse mit einem großen Kragen, die sie trug (die Ärmelsäume waren mit roten Perlen handbestickt), den vorteilhaften Eindruck verstärkte, den sie hinterließ, denn sie stach damit gegenüber den anderen Frauen im Café, die (vielleicht auch wegen ihrer Mutterschaft) eher sportlich (Jeans, T-Shirts), also alltäglich gekleidet waren und keineswegs elegant, heraus.

Nur sollte man es freilich mit dem Herausstechen niemals übertreiben. Die Grenze zu überschreiten, jenseits der man als Kuriosum, als lächerliche Person erscheint, die beschämt begafft wird (Federhut, Rokokokleid, auch alles, was einfach nur billig aussieht), ist wenig erstrebenswert.

Immer und überall verachtenswert aber ist es, Bequemlichkeit, Wohlbefinden und Natürlichkeit in den Rang eines Auswahlkriteriums in Kleiderdingen zu erheben. Ohne eine gewisse Dressur kommt man wenig zur Geltung. Denn immer ist der Körper, in dem wir stecken, bis zu einem gewissen Grad auch unser beständiger Feind. Ihn unter Kontrolle zu bringen, gerade mit Textilien und Schnittmustern, hebt unsere Sichtbarkeit hervor, bis hin zu größtem Ansehen.

29 Sich selbst belügen

Jedem Verstellungskünstler ist der Widerspruch vertraut, in dem er notwendigerweise steckt. Einerseits hat er die schönste Kontrolle über seine Gemütsregungen, er beobachtet sich selbst und andere mit kühlem Blick, andererseits bedarf es einer gewissen Selbstüberschätzung, will er erfolgreich sein, und damit der eigenen Blendung. Denn der kühle Blick auf sich selbst führt bisweilen zu einem Kreisen um die eigene Beschaffenheit, was wenig hilfreich ist. Jeder kennt Menschen, die sich immerzu selbst geißeln: Da ist der Bauch zu dick, die Nase zu breit, da sind die Haare zu licht, die Füße zu groß. Diese Menschen rufen gern Freunde an und sprechen dann über ihre körperlichen Makel, was den Freunden lästig ist. Während eines ersten Dates können sich die derart Geißelnden kaum konzentrieren, da sie sorgenvoll ihren Bauch einziehen, ihre Füße unter dem Tisch verstecken. Nur unter qualvollen Mühen vermögen sie, sich auf das Gespräch zu konzentrieren und hinterlassen oftmals einen unangenehm bedrängten Eindruck.

Die unentwegt mit sich selbst Beschäftigten sind auch auf Empfängen, Geburtstagsfesten und Hochzeiten für andere Gäste, die sie kennenzulernen beabsichtigen, ein Ärgernis. Unhöflich ist doch sehr, wer auf einen wohlüberlegt schüchternen Gesprächsbeginn eines Fremden mit Wortkargheit reagiert. So, wie es Angelika getan hat, als sie auf der Feier einer Freundin von einem jungen Autor angesprochen wurde und diesen, aufgrund einer unheilvollen Verstrickung in eigene Gedanken, von sich wies.

Eigentlich war Angelika ganz froh, mal ohne ihren Freund Frank auf eine Party zu gehen, sie hatte ihm nach einem heftigen Wortwechsel vorgeschlagen, doch einfach zu Hause zu bleiben. Es lief nicht mehr so gut zwischen den beiden. Sie waren ihrer eigenen Perfektion überdrüssig geworden, ihre Wohnung lag in einer aufregenden Gegend und war, Angelikas Verdienst, geschmackvoll eingerichtet, auch war man für den Augenblick finanziell abgesichert. Frank arbeitete festangestellt in einem Architekturbüro, Angelika als freischaffende Fotografin.

Geld verdiente Angelika vor allem damit, für irgendwelche Konzernbroschüren stimmungsvolle Bilder von Managern in ihren Büros, von Kantinen und gläsernen Hochhäusern zu machen. Gut, es war nicht gerade das, was sie sich erträumt hatte. Insgeheim hatte sie sich eine glänzende Zukunft als begehrte Künstlerin mit Exponaten in Museen und erlesenen Galerien erhofft.

Nun, eine Ausstellung, die sie vor einem Jahr gemeinsam mit zwei anderen Fotografen auf eigene

Kosten (genauer gesagt mit großzügiger Unterstützung ihrer Eltern) organisiert hatte, verbuchte sie zwar keineswegs als Misserfolg (sie hatte schließlich viele aufmunternde Worte gehört), doch hatte sie, daran gab es nichts zu deuteln, nur zwei, wenngleich großformatige Fotos verkauft. Und zwar an ihre eigene Großmutter, ein Umstand, der nicht frei war von Ironie, auch da diese seit längerer Zeit am grünen Star erkrankt war. Jedenfalls schmücken bis zum heutigen Tag zwei Fotografien das heimische Wohnzimmer der betagten Dame, welche die Holzstruktur zweier Küstenmammutbäume in Schwarzweiß zeigen, die Angelika während eines Studienaufenthaltes in Kalifornien aufwändig abfotografiert hatte.

Naturbilder waren ihr Spezialgebiet – Seen, in denen sich auf verzerrte Weise Wälder und Berge spiegelten und die von Besuchern durchaus mit Interesse angeschaut wurden, hingen verstreut in ihrer Wohnung, und es hat sie empfindlich verletzt, dass Frank während ihres heftigen Streits am frühen Abend behauptete, die Fotos würden ihn krank machen, er könne diese verdammten Bäume und Seen nicht mehr sehen.

Es gibt Sätze, die entfalten erst nach einigen Stunden ihre eigentümliche Wirkung. Angelika sprach zwar auf der Party mit einigen Freunden über irgendwelche Nichtigkeiten des Alltags und sie simulierte eine gewisse Fröhlichkeit, doch ihre Gedanken hafteten an den Bildern. Hatte Frank nicht irgendwie recht? Hatte sie sich nicht all die Jahre etwas vorgemacht mit ihrer Fotografie? War sie verdammt dazu, auf ewig Firmenbroschüren zu verzieren? Wenn sie wenigstens noch einmal einen Auftrag für Modefotografien erhalten würde. Einmal nur, es war vor wenigen Monaten, hatte ein Modemagazin es mit ihr versucht. Männermode. Sie hatte androgyne Typen in Klamotten gesteckt und abfotografiert, mit freiem Oberkörper fläzten sie sich auf barocken Sesseln, blickten lasziv in die Kamera, hatten, wie es Angelika angeordnet hatte, die Hände frivol über ihr von dünnen Designerhosen bedecktes Geschlecht gelegt, sollte irgendwie witzig sein, subversiv. Die Fotos gefielen der Layouterin des Modemagazins aber nicht. Zu vulgär, unbrauchbar, undruckbar, hieß es, man produziere keine Schwulenpornos usw. Es gab, immerhin, ein kleines Ausfallhonorar.

An all die kleinen Niederlagen ihres Lebens dachte Angelika auf der Party, an ihre privat organisierte Ausstellung, die doch, wie sie sich eingestehen musste, einfach nur peinlich gewesen war; aus Mitleid hatten ihre Eltern vermutlich ihre Großmutter dazu überredet, ihr die Bilder abzukaufen; an ihren Freund Frank, den Architekten, der ihre Bilder womöglich im Stillen schon immer belächelt hatte, dachte sie, als sie der junge Autor mit einem einfachen, aber doch liebenswert spontanen »Na, wie geht's?« ansprach, gegen 23 Uhr im Arbeitszimmer der Gastgeberin, mit einem feinen Lächeln, das wir nur loben können, so angenehm sah es aus.

Der Autor empfand sich gerade zu Recht auf dem Gipfel seines Erfolges. Sein dünner Band, eine turbulente Liebesgeschichte, die in Mailand spielte, verkaufte sich, nach Jahren der bittersten Erfolglosigkeit, blendend, und es schmeichelte ihm sehr, dass Menschen, die ihm immer skeptisch gegenübergestanden hatten, ihm nun auf die Schulter klopften oder aber ihn wie zufällig umkreisten, um beständig in seiner Nähe zu sein. Er mied auf der Party nur fürsorglich eine Bekannte seiner Ex-Freundin, um nicht in ein unerquickliches Gespräch gezogen zu werden. Sie stand zumeist in der Küche, was den kleinen Nachteil hatte, das er stets seine Freunde darum bitten musste, ihm ein Getränk zu besorgen – wobei, es passte letztlich gut zu der Aura des Erfolgreichen, dass er sich um derart Weltliches nicht selbst kümmern musste.

Die zweite Sorge, die ihn ab und an beschlich, war sein vager Verdacht, dass seine neue Freundin, die er im Anschluss an eine seiner stets überfüllten Lesungen kennengelernt hatte, womöglich ein Fehlgriff gewesen war. Seitdem die erste, in glühender Körperlichkeit verbrachte Zeit abgeklungen war, saß man oft schweigend in irgendwelchen Bars der Stadt, und es ärgerte den Autor mittlerweile, dass sie ihn noch immer ehrfürchtig anblickte, ihn ununterbrochen streichelte, verzärtelt, als sei er das zerbrechlichste Geschöpf auf Erden. Auch mochte er es nicht, was er sich ihr aber nicht zu sagen traute, mit »Mein Löwe!« angesprochen zu werden. Gut, dass sie, wenn auch widerwillig, an diesem Wochenende zu ihren Eltern gefahren war.

Warum erzählen wir diese an sich äußerst ereignisarme Geschichte? Sie handelt in ihrem Kern tatsächlich nur von einem winzigen Ereignis auf einer Party, wie es sich allabendlich überall ereignet: Angelika, von Selbstzweifeln geplagt, blickte, als sie angesprochen worden war, nur auf den Boden und sagte: »Was? ... äh, keine Ahnung.« Dann wandte sie sich ihrem Glas zu. Der Autor, Abweisungen zur Zeit wahrlich nicht gewohnt, zog, nicht wenig irritiert, weiter, man mied sich für den Rest der Party.

Nun, den Erzähler, den Allwissenden, schmerzt diese kleine Episode sehr, denn der Autor und die Fotografin waren wie für einander gemacht, begegneten sich aber kein zweites Mal in ihrem Leben. Dabei hätten sie sich aufs Schönste ergänzt; aufgrund zahlreicher Charaktereigenschaften, die hier nicht ausgebreitet werden sollen, da sie nicht unmittelbar etwas zur Sache tun. Nur soviel sei verraten: Am Ende ihres Lebens hätten die beiden ein Großelternpaar abgegeben, wie man es aus der Werbung kennt. Strahlend hätten sie mit ihren prächtigen, etwas dicklichen Enkelkindern unter einem Baum gesessen, saftige Äpfel gegessen und auf ein ungeheuer ereignisreiches, nur von wenigen Schicksalsschlägen getrübtes Leben zurückgeblickt. Noch in diesem sehr hohen Alter hätten sich die beiden gegenseitig zärtlich die Wangen gestreichelt. Stattdessen weiß der Erzähler zu berichten, dass sich sowohl Angelika als auch der junge Autor noch über eine unschön lange Zeit regelrecht in ihre damaligen Beziehungen verbissen, die sie zu verhärteten, ja beinahe unangenehmen Menschen wandeln sollten – oh, weg mit diesen hässlichen Gedanken!

Weniges nur ist schadhafter als verstockte Unsicherheit. Häufig entsteht sie aus einer Überfülle an Gedanken. Damit sollte man niemals übertreiben. Eine derart aus der Not geborene Verhärtung ist übrigens nicht zu verwechseln mit einer gezielt eingesetzten Unbeholfenheit, die durchaus kokett wirken und erotische Aufgeregtheit suggerieren kann. Dann aber blickt man niemals wortkarg auf den Boden, sondern, ganz im Gegenteil, man redet eher eine Spur zu viel.

Die Selbstbeobachtung nicht soweit zu treiben, dass sie zur Zermürbung führt, ist überaus wichtig; sie darf, so paradox es klingt, niemals die nackte Wahrheit ans Licht bringen. Gerade in Liebesangelegenheiten zeigt sich, dass man sich stets zusammenzureißen hat, um keine Gelegenheit zu verpassen. Und immer ist es weitaus sinnvoller, sich eher ein ganz kleines bisschen zu über- als zu unterschätzen. So, wie es der Autor auf seinen Lesungen machte. Er trat stets mit würdigem Selbstbewusstsein auf, gerade so, als hätte es niemals eine Zeit gegeben, in der er schwermütig, da sich seine Werke nur schlecht verkauften, in Unmaßen Wein minderer Güte getrunken hatte.

Der Verstellungskünstler bringt jenen riskanten Einsatz auf, der einer Selbstlüge gleichkommt: Er blendet seine Schwächen gezielt aus. Dieses Ausblenden ist Erfolgsgarant und Achillesferse in einem. In diesem Spannungsfeld arrangiert er sich fabelhaft.

30 Dünn sein

Ein noch halbwegs junger Mann namens Olaf Herse traf im Supermarkt – in seinem Wagen lagen Cornflakes, zwei Tafeln Schokolade, eine Flasche Wein und diverse Käsesorten – einen alten Bekannten wieder, den er wohl seit etwa einem Jahr nicht gesehen hatte. Dieser blickte Olaf Herse zur Begrüßung nur schweigend an, maß ihn mit einem spöttischen Blick, grinste. Es war offensichtlich, was ihm aufgefallen war. Man hatte sich ziemlich weit auseinandergelebt: Olaf Herse hatte schätzungsweise zehn Kilogramm zugenommen innerhalb dieses Jahres.

Woran es lag, ließ sich kaum sagen, vielleicht am Alter (er war Mitte dreißig), vielleicht aber an einer nicht ganz reibungslos verlaufenen Karriere (zahlreiche Bewerbungen, Vorstellungsgespräche, mehrmaliger Wechsel des Arbeitgebers usw.), die der leiblichen Tröstung bedurfte.

Das Gespräch kam nur mühsam in Gang. Olaf Herse verabschiedete sich rasch von seinem Bekannten, eilte nach Hause, stellte sich in seinem Schlafzimmer vor dem Spiegel auf, zog die Wangen zusammen, betrachtete sich im Profil. Wenn er die Bauchmuskeln anspannte, war es sooo schlimm nicht. Sein Arzt sprach von leichtem Übergewicht (mit der Betonung, wie ihm schien, auf *leicht*). Um also keine falschen Vorstellungen zu erwecken: Niemand zeigte auf der Straße mit dem Finger auf Olaf Herse, es war nicht – dramatisch. Jeder Zweite ist irgendwie dicklich.

Doch wer möchte schon jedermann sein.

Das war immer die Gnade des Mannes gewesen, dachte Olaf Herse, während er sich gedankenverloren über den Bauch strich, dass er nie einen Anlass sah, auf die Waage zu steigen. Wenn er allein wohnte, besaß er nicht mal eine. Frauen waren um ihre Körper besorgt. Sie machten Diäten, quälten sich mit Leibesübungen, nicht wenige aus seiner Schulzeit wurden magersüchtig. Jedenfalls beobachteten sie sich gern selbst. Und sprachen über das Zu- oder das Abnehmen. Sie reflektierten immer ihre Beobachtungen. Das taten Männer nicht. Früher jedenfalls nicht. Das hat sich leider verändert.

Die Reflexionsschleifen der Frauen führten immer zu Komplikationen zwischen den Geschlechtern. »Sag mal, habe ich zugenommen?«, fragten Olaf Herses Freundinnen immer, sobald sie Zutrauen zu ihm gefasst hatten. In den meisten Fällen hatte Olaf Herse keine Veränderung wahrgenommen und sagte: »Quatsch.« Hatte er doch eine wahrgenommen, sagte er: »Quatsch.«

Olaf Herses Großväter waren beide, was man stattlich nannte. Sie aßen, was man eben so aß: Schnitzel,

Hackbraten, Wurst, Kartoffeln. Sie hatten mit der größten Selbstverständlichkeit einen Bauch. Er konnte sich nicht vorstellen, dass sie ihre Frauen besorgniserregt gefragt hätten, ob sie zugenommen hätten. Sie wurden zweifellos geliebt. Sicherlich auch begehrt. Womöglich deshalb.

Olaf Herse, noch immer grübelnd vor dem Spiegel stehend, dachte an ein Interview, das er kürzlich gelesen hatte. Darin sprach ein Mediziner darüber, dass Männer häufiger zu Übergewicht neigten als Frauen. Das sei karriereschädigend, man schaffe es mit Übergewicht nicht mehr in die Vorstandsetage, man solle unbedingt joggen und Vollkornbrot essen.

Welcher Mann ab einem bestimmten Alter kennt nicht die Sorgen, die Olaf Herse plagten? Männer sind heute um ihren Leibesumfang besorgt. Und gewiss stimmt es bis zu einem gewissen Grad auch, dass der männliche Körper gedrillt werden will, damit er Frauen gefällt, dass er auf eine die Vernunft überschreitende Weise sexualisiert ist. Doch gibt es eine Ausnahme. Wer mächtig ist, braucht seinen Bauch nicht einzuziehen, er kann ihn einer Frau regelrecht entgegenstrecken.

Wer sich erst auf den Weg gemacht hat, mächtig zu werden, so wie Olaf Herse, sollte darauf achten, schweigend abzunehmen. Denn kaum etwas wird von Frauen mehr verachtet, als das eitle Reden der Männer über ihr Aussehen. Frauen begehren zwar Männer und machen sie auch zu Sexualobjekten (durchaus und auch gern den schlanken Mann). Aber erst, wenn sie selbst von ihnen begehrt worden sind.

Wenn der männliche Blick ihren Körper auf schmeichelhafte Weise getroffen und damit ihr Selbstwertgefühl gesteigert hat. Der Mann aber, der sich skeptisch befragt, bringt alles durcheinander. Er zerstört das Spiel der Liebe, da er sich selbst zum Objekt macht.

Wann ist ein Mann ein Mann? Wenn er nicht über sein Gewicht spricht.

Wie wird ein Mann erfolgreich? Indem er schlank bleibt. Denn nur in schlanker Gestalt vermag er in der Regel seine Verstellungskunst mit einer erotischen Ausstrahlung zu verbinden (bei Vorträgen und Präsentationen). Selten nur gibt es Männer, denen ein gewisses Übergewicht zum Vorteil gereicht. Wie aber sieht ein Mann aus, sobald er einmal erfolgreich ist? Das ist dann weitestgehend egal.

Olaf Herse begann, zunehmend von Selbstzweifeln geplagt, jeden Morgen, noch bevor er sich an seinen Schreibtisch setzte, zu joggen. Er sprach aber mit niemandem darüber, was ausgesprochen lobenswert ist. Denn alles Beschwerliche hat man heimlich zu tun, erst dann suggeriert man wahre Anmut, die jedem Verstellungskünstler gut ansteht.

31   Über Bande spielen

Der Makler Heinrich Walter fuhr zur denkbar ungünstigsten Zeit mit dem kleinen Dienstwagen hinaus nach Dettersheim. Nur ein paar Meter floss der Verkehr, dann stoppte die Wagenkolonne erneut vor irgendeiner Ampel. Gedankenverloren sah er Kinder, die sich zornig vor einer Bushaltestelle hin- und herschubsten, ein dicker Junge weinte; eine alte Frau, sie trug zwei Einkaufstüten, führte laut Selbstgespräche und starrte in den wolkenverhangenen Himmel.

Langsam wurde es dunkel, Heinrich Walter schaltete die Scheinwerfer an. Ihm graute vor dem Termin. Er würde mit großer Wahrscheinlichkeit ablaufen wie immer; alle zwei, drei Tage zeigte er irgendeinem jungen Pärchen eine Wohnung in dem frisch sanierten Gebäudekomplex. Den Interessenten schien die gezeigte Wohnung zwar immer halbwegs zu gefallen, nur der Ort selbst, Dettersheim, war ihnen dann doch eine Spur zu sehr ab vom Schuss gelegen. Und Dettersheim konnte diesem Makel auch sonst nichts entgegensetzen. Wenn die Landschaft wenigstens irgendeinen Reiz hätte! Aber nein, zu ihrer Charakterisierung reichte ein Wort: flach. Kein See in der Nähe, kein Hügel, kein Meer. Der Dorfkern selbst war im Bombenkrieg, vermutlich nur versehentlich, getroffen worden, so dass die einzigen sehenswerten Häuser zwar eben jene waren, von denen die Rede ist und die am Rande eines Ackers einen gar nicht so uninteressanten Komplex bildeten (übrigens waren sie errichtet worden in den frühen dreißiger Jahren von einem frühverstorbenen Kollegen des berühmten Architekten Hans Scharoun), doch für den zufällig Herbeigereisten, der kein Auge für derlei architekturgeschichtliche Besonderheiten hatte, waren die Hauptattraktion der Gegend eher die träge vor sich hin weidenden Kühe der ortsansässigen Bauern. Die Bauern betrachteten mit ihren misstrauischen, von der Eintönigkeit der Landschaft abgestumpften Gesichtern das eine oder andere Mal kopfschüttelnd die nunmehr weißgetünchten Häuser, deren Wohnungen mit großen Schildern beworben wurden. »Wer soll denn bitteschön hier hinziehen?«, mochten sie sich fragen.

Ja, wer? Das fragte sich Herr Walter mittlerweile auch. Auf der Landkarte sieht die Strecke nach Dettersheim überschaubar aus, eine gelb eingezeichnete Landstraße hinter der Stadtgrenze und dann, schwupps, ist man eigentlich schon da. Leider nur mit dem Zeigefinger. In Wahrheit braucht man, zumindest zu Stoßzeiten, beinahe eine Stunde, um überhaupt aus der Stadt herauszukommen, an manchen

Tagen noch länger. Gäbe es doch nur eine S-Bahnverbindung nach Dettersheim, das war ja mal angedacht worden, Herr Walter hätte die Wohnungen womöglich längst verkauft!

Nun muss man wissen, dass die düstere Stimmung, in der Heinrich Walter sich befand, von wahrlich unglücklichen Ereignissen in der Maklerei herrührten, an die unser Angestellter nur äußerst ungerne zurückdachte. Der Auftrag, für die Wohnungen in Dettersheim Käufer zu finden, war nämlich zunächst an seinen neuen, unangenehm ehrgeizigen Kollegen Hans Strass gegangen. Kaum hatte dieser die Dienstanweisung entgegengenommen, suchte er auffällig oft das Büro Herrn Walters auf, um unverhohlen zu prahlen. Was für eine Ehre das doch sei, sich um dieses Architekturjuwel in Dettersheim zu kümmern! Er freue sich! Dass der Chef gerade an ihn gedacht habe, wo er doch erst so frisch im Büro sei, empfinde er als Auszeichnung ersten Ranges; was denn Herr Walter gerade so Spannendes mache usw.

Herr Walter, wer möchte es ihm verdenken, fühlte sich übergangen. Dass eine anspruchsvolle Aufgabe, ohne dass darüber auch nur ein Wort verloren worden war, sozusagen selbstredend Herrn Strass anvertraut wurde, geschah nicht zum ersten Mal. Derart gereizt vom Unrecht der Welt, trat er in das Büro seines jungen Chefs, der das aus dunklem Holz gefertigte, teure Mobiliar seines Vaters übernommen hatte. Der Chef saß vertieft vor seinem Computer, als Herr Walter allzu hektisch von den Gemeinheiten sprach, die ihm in der Maklerei widerfuhren, seit beinahe vierzig

Jahren arbeite er in der Firma, verdienstreich wie kein Zweiter!

Der Chef blickte freundlich auf, sagte nur: »Ja.« Und nach einer Pause, noch immer halb dem Bildschirm zugewandt: Wie er ihm behilflich sein könne?

Herr Walter sagte (erstmals in seinem Leben war er in der Maklerei wohl derart fordernd aufgetreten), dass er das Dettersheim-Projekt übernehmen wolle. Es gehe nicht an, dass sozusagen jedes halbwegs spannende Projekt Herrn Strass übertragen werde. Dabei stampfte er, was einem unbeteiligten Zuschauer amüsant erscheinen mochte, mit seinem rechten Fuß wütend auf den Parkettboden.

»So?«, sagte sein Chef daraufhin, während er sich vergnügt, wie Herrn Walter schien, zurücklehnte. Dieser Auftrag sei mit vielen unangenehmen Reisen verbunden. Er habe deshalb an den jüngeren Kollegen gedacht, aber wenn Herr Walter ein derartiges Feuer, Dettersheim betreffend, gefangen habe, nun, er wolle keineswegs sein Engagement zügeln. Er könne aber nichts versprechen, müsse mit Herrn Strass zunächst darüber reden ... Herr Strass, unter nur wenigen Windungen, zeigte sich, zur großen Überraschung Herrn Walters, auf scheinbar großherzige Weise dazu bereit, das Projekt abzutreten.

Noch immer befand sich Heinrich Walter innerhalb der Stadtgrenze. Doch die Häuserwände links und rechts zeigten bereits ein paar Lücken, ungenutztes Bauland. Dünn besiedelte Ortsteile passierte Heinrich Walter, die er früher nicht einmal vom Namen her gekannt hatte. Irgendwo kläffte ein Hund. Endlich löste sich der Verkehr auf, eine Tankstelle zog vorbei, gleißend wirkte ihr unwirkliches Licht in dem von zahlreichen stillgelegten Fabrikhallen dominierten Stadtviertel. Gingen hier tatsächlich einst Arbeiter mit ihren ölverschmierten Händen ein und aus? Einige Gebäude, wie um ihren schmachvollen Verfall noch eigens hervorzuheben, waren angestrahlt, Herr Walter erblickte zerbrochene Fensterscheiben, einem Wundmal kam die hässliche Graffitibemalung auf dem schmutzigen Backstein gleich.

Da, endlich, die Abzweigung zur Landstraße. Nun war es nicht mehr weit. Heinrich Walter schaltete in den vierten Gang.

Wie müde er doch war! Schlafmangel, gewiss. Doch auch Müdigkeit aus einer Überfülle an Gedanken, die ihn seit Wochen plagten. Plage – ja, das ist das richtige Wort, als wären von einem Tag auf den anderen Mäuse oder Ungeziefer im Haus. Eingenistet hatten sie sich und schienen fest entschlossen zu bleiben. Man wollte ihn weghaben. Daran dachte er unentwegt. Die Blicke seines Chefs, seit es mit dem Dettersheim-Projekt nicht recht voranging: ungnädig bis feindselig. Er solle sich gefälligst was einfallen lassen!

Herr Walter hatte die Anfangserfolge der Maklerei noch als sehr junger Mann miterlebt, ein Stück Aufbaugeschichte dieses Landes. Damals gab es noch vereinzelt Einschusslöcher an Häuserwänden, Kirchen, durch deren Dächer es geregnet hatte, Kohleöfen in manchen Wohnungen, ganz wie im Osten. Aber es wurde gebaut und renoviert, um alles unsichtbar zu machen, was vormals war.

Was mochte seine Frau jetzt denken über ihn, die Frühverstorbene, die unversehens Erkrankte? Herr Walter erinnerte sich daran, dass er seine Hand in die ihrige gefaltet hatte, so lange, bis sie ganz kalt geworden war und die übrigen Angehörigen, zunächst unschlüssig, was zu tun sei, da er sich einfach nicht von ihr wegbewegte, ihm schließlich zaghaft bedeuteten aufzustehen, damit der Arzt feststellen konnte, was nur allzu offensichtlich war.

Heinrich Walter hasste Autofahren. Das Erinnern, das ihn dabei immer überfiel. Er würde einmal noch verrückt werden vor Gedankenfülle. An Anja dachte er, seine Tochter. Die hatte es auch nicht leicht. Zuerst der Rauswurf aus dem Meinungsforschungsinstitut, nun die Trennung von ihrem Freund.

Sie hatte ihn vor zwei Tagen von ihrem Handy aus angerufen. Wie so oft: ein nur kurzes Gespräch. Es knarzte, immer wieder wurde die Verbindung kurzzeitig unterbrochen. Seit es diese Handys gab, dachte Herr Walter oft, war man wieder in die Urzeit der Telekommunikation zurückgefallen.

Anja sagte, sie sei ausgezogen und dass sie ein Vorstellungsgespräch gehabt habe bei einer T-Shirt-Firma. Es sei nicht so gut gelaufen.

Herr Walter hätte gerne etwas Tröstendes gesagt, doch er fragte nur: »Brauchst du Geld?«

Er hörte sie noch schnaufen. Dann hatte sie das Gespräch beendet. Vielleicht, dachte Herr Walter, war auch nur wieder die Verbindung zusammengebrochen.

Links und rechts die Straßenpfeiler, die an Herrn

Walter vorbeizogen. Furchtbar neblig. Gleich dürfte links die Abbiegespur kommen.

Es wurde augenblicklich sehr hell. Und als er das langanhaltende Hupen hörte, hatte Heinrich Walter noch einen klaren, eigentümlich ruhigen Gedanken: Was hatte nur dieser mächtige LKW in dieser gottverlassenen Gegend verloren?

Wir brechen an dieser Stelle ab. Ohnehin sind wir, was die Maxime unsere Geschichte anbetrifft, ein wenig abgeschweift. Beinahe vergessen hätten wir nämlich, die vorzügliche Strategie Herrn Strass' zu loben! Geradezu vorbildlich hatte er sich gegenüber Herrn Walter durchgesetzt mithilfe eines bemerkenswerten Tricks. Herr Strass hatte über Bande gespielt, er hatte wohlweislich einen Dritten in seinen Plan miteinkalkuliert, um Herrn Walter zu schädigen. Er ahnte nämlich sehr richtig, dass er Herrn Walter nur ordentlich reizen musste, damit dieser sich beim Chef beschwerte, um das ungeliebte Dettersheim-Projekt an sich zu reißen. Nun ließe sich natürlich spekulieren, ob der Chef gar eingeweiht war in diese, Herrn Walter zweifelsfrei demütigende Unternehmung. Ja, das war er. Man hatte vor, Herrn Walter mit ein wenig Druck zu einem glücklichen Vorruhestand zu bewegen. Zu Bedenken aber dabei ist, da der Leser sich womöglich das Schicksal Herrn Walters allzu emphatisch zu Herzen nimmt, dass Herr Strass, zumindest unter den Umständen der neuen Zeit, keineswegs ein unangenehmer Mensch ist. Nach Feierabend engagiert er sich ehrenamtlich in einem Kinderheim des Viertels, was auch damit zusammenhängt, dass er selbst, aus ungeklärten Gründen, vor genau dreiunddreißig Jahren der Obhut des Staates übergeben worden war.

PS: Wenige Tage später fand sich ein Nachruf in einer der angesehensten Tageszeitungen des Landes: »Das Maklerbüro *** gibt in tiefer Trauer bekannt, dass unser langjähriger Mitarbeiter Heinrich Walter am vergangenen Mittwoch im Alter von zweiundsechzig Jahren verstorben ist. Wir verlieren in Heinrich Walter einen stets hilfsbereiten und freundlichen Mitarbeiter, der nicht nur wegen seiner fachlichen Kompetenz, sondern auch aufgrund seines kollegialen Verhaltens von allen Mitarbeitern geschätzt wurde. Wir werden sein Andenken in Ehren halten.«

32   Liebevoll blicken

Dass wir uns immerzu inszenieren, inszenieren müssen, um Wünsche, Gedanken, Sehnsüchte auszudrücken, dass wir uns immerzu verstellen! Zur Schonung anderer, damit sie uns in Zukunft nicht schaden und um uns gegenüber Konkurrenten Vorteile zu verschaffen. Wir brauchen dafür den Körper, brauchen die Sprache. Fragile Werkzeuge, die anzeigen, dass ein Riss, seitdem wir auf der Welt sind, in uns ist; dass wir gespalten sind in ein geistiges Innen und ein körperliches Außen; dass wir authentisch sein wollen und bestenfalls so wirken. Nie sind wir bei uns selbst, die Schöpfung, seit wir den Sündenfall erlitten, ist reines Welttheater. Es gibt den Liebesaugenblick, gewiss, den trügerischen, da wir ein unverstelltes Auge zu erblicken meinen, das Tasten einer Hand, die nur nach uns verlangt, ein Geschenk, das keine Gegenleistung verlangt. Doch noch der verliebteste Blick trägt die Verstellung in sich, die wir niemals enttarnen, und den Eigensinn. Das macht die Liebe seit je so schön, da sie einem immer entweicht, das macht sie seit je so traurig aus gleichem Grund. Dass wir uns die Harmonie eines Inneren und des Körpers denken können, macht uns zu jenen Tieren, die vergeblich hoffen, zu ewig Makelbehafteten.

Noch der entsetzlichste Schock, den wir erleiden, der unsere Inszenierung für eine Sekunde außer Kraft setzt, wird übertüncht mit großer Emsigkeit, mit einem Sich-Zusammenreißen, noch der grässlichste Tod wird kulturell überbrückt mit Formalia und Begräbnisriten, die unsere Eitelkeit, spätestens beim Leichenschmaus, neu entfachen.

Noch erahnen wir die Zeit, als man es sich leidlich einrichten konnte: Einem Naturgesetz gleich wurde einst des Metzgers Sohn gleichfalls ein Metzger, der Studienrätin Tochter eine Lehrerin. Als man dreißig war, da kam das zweite Kind zur Welt. Mit vierzig war man eingerichtet für die letzte Zeit. Die Möglichkeiten der Lebensgestaltung waren begrenzt. Das ließ die Verstellungskunst im Winterschlaf verharren. Der Alltag war langweilig, mag sein, doch ist das nicht stets der Preis des Friedens?

Die Welt, die sich entfaltete, durch den regen Austausch von Gütern, den Bruch festgelegter Lebensläufe, flirrende Beweglichkeit, durch den beständigen Auf- und Abstieg, das notorische Schließen von Fabriken und ihre Neueröffnungen an anderer Stelle, durch die Freiberuflichkeit, den Zusammenfall von Berufs- und Privatleben, die Angst vor dem Jobverlust, das Umherreisen des Pendlers, das Vagabundieren noch des sesshaftesten Gemüts hat die alte Kunst der Verstellung auf den Plan gerufen.

Es sind die veränderten und verschärften Wettbewerbsbedingungen, die die Rüstung des alten Höflings, der seine Affekte zu beherrschen wusste, in neuem Glanz erstrahlen lassen. Denn erfolgreich zu sein vermag, da die Herkunft kein Garant mehr ist, wer reaktionsschnell ist, ortsunabhängig und anpassungsfähig, wer die Selbstkontrolle, unbeirrt von Hindernissen, aufrecht erhält und dem Zufall trotzt, der ihm immer wieder Stolpersteine in den Weg legt. Der heutige Mensch hat mit dem Höfling gemein, dass er in hohem Maße ein Rollenbewusstsein entwickelt hat. Jede TV-Show, sei es eine Politikerrunde oder ein Modellwettbewerb junger Frauen, rückt die Selbstdarstellung, die Maskerade, den strategischen Einsatz des Körpers in den Mittelpunkt. Entsprechendes geht auch in Bürogebäuden vonstatten. Deren flache Hierarchien erfordern List und Tücke, um sich in die ständige Bewegung der undurchschaubaren Machtverhältnisse fügen zu können.

So haben wir denn Geschichten erzählt von all jenen, die sich im Beruf und in der Liebe geschickt durchzusetzen suchen, vom freien Architekten haben wir etwas erfahren, von einem Verlagschef und seiner Sekretärin (der lieben Frau Sentmüller), auch an die Geschichte der Chefin eines Meinungsforschungsinstituts sei erinnert wie auch an den perfekten Verführer, einen Makler haben wir auftreten lassen und einen auf vorteilhafte Weise untersetzten Winzer. Und so manch andere, die sich mal gut, mal weniger gut in ihrer feindlichen Umwelt zu behaupten wussten, wie die Layouterin und ihr Ex-Freund, der überaus erfolgreiche junge Autor. Es mag Leser geben, die noch die letzte und feinste Verästelung dieser Menschen untereinander zu erspähen vermögen.

Halt. Wir wollen noch nicht enden. Es folgt noch eine letzte Geschichte, um nicht den Eindruck zu erwecken, mit unserem Gedicht wäre alles gesagt:

Was ist das Leben? Es ist ein Minenfeld.

Was die Verstellung? Bedingung unseres Aufstiegs.

Was ist die Liebe? Die schönste aller Täuschungen.

33 Verführen

Sicher, optimal ist dieser Aushilfsjob nicht. Jedenfalls nicht für einen ausgebildeten Architekten. Stephan Karst räumt zwei Kaffeetassen weg, wischt über die Tische und jongliert das Geschirr nicht ungeschickt hinter den Tresen. Dann spült er es mit einiger Vehemenz ab. Die Musik ist verklungen, soll er schon wieder diese Chansons einer französischen Sängerin einlegen, an denen sich die Besucher nicht satt hören können? Stephan kann ihre rauchige Stimme kaum noch ertragen, ach, was soll's.

Der Job – na ja, Hauptsache, es kommt wieder etwas Geld in die Kasse, er war es vor wenigen Tagen zudem schließlich leid geworden, den ganzen Tag im Bett herumzuliegen mit den allerdüstersten Gedanken. Ganz zaghaft kam eines Tages ein Funken Lebenswillen in ihm auf. Er stand auf, blickte im Badezimmer in sein bärtiges Gesicht und sah, dass ihn die Schwermut zumindest ziemlich schlank hatte werden lassen. Wie erschrocken aber war er, als er sich umblickte. Staub hatte sich in der gesamten Wohnung in hässlichen Flocken ausgebreitet; Weingläser, Bierflaschen, DVDs lagen auf dem Boden herum, die Heizung in der Küche lief seit Tagen sinnlos auf Hochtouren, der Anrufbeantworter blinkte aufgeregt, seit langer Zeit war er nicht abgehört worden, wahrscheinlich hatte eh nur seine Mutter draufgesprochen. Die Fenster könnte man auch mal wieder putzen, dachte Stephan, als er in der Küche stand. Zwei Pizzen hatten angefangen zu schimmeln, es roch auf unschöne Weise sehr süßlich, der Müll war von dicken Fliegen wild umschwirrt.

Schwer zu sagen, was es war, das ihn schließlich dazu brachte, nach und nach die heillose Unordnung zu beseitigen. Vielleicht doch die Überschreitung einer gewissen Grenze der Verwahrlosung, ab der sich sozusagen automatisch der Widerstand regt.

Nachdem sein Vertrag in einem Architekturbüro nicht verlängert worden war und Stephan Karst wütend die Firma verlassen hatte, lag er über lange Zeit wie betäubt im Bett, halb träumend von früheren, besseren Zeiten, halb der entsetzlichen Scham sich aussetzend, die er vor seinen Eltern empfand. Seine Mutter war in seinem Leben immer die treibende Kraft gewesen, sie hatte ihn mit einigem Aufwand, obgleich man kleinen Verhältnissen entstammte, zum Abitur und zum Studium gedrängt, unter Drohungen zu Höchstleistungen vorangetrieben usw. Er hatte ihr doch einiges zu verdanken. Dass seine Karriere vorerst so schmählich gescheitert war, schien er nur schwer zu verkraften.

Zum ersten Mal seit Tagen trat Stephan Karst,

nachdem er den gröbsten Müll aus seiner Wohnung gebracht hatte, hinaus. Das düsterste Wetter, Regen, er knöpfte sich rasch den Mantel zu, ging ziellos durch das Viertel. Er kaufte sich ein mit einer Bockwurst gefülltes Croissant, das mit Käse überbacken worden war, und wäre beinahe gedankenverloren an dem kleinen Schild, das an einem Café prangte, vorbeigegangen: »Aushilfe gesucht.« Er spähte durch die Fensterfront, sah viele Frauen zwischen dreißig und vierzig, die sich rege unterhielten, darunter einige Mütter. Gefiel ihm, irgendwie. Sollte er den Architektenkram mal ruhen lassen, sich vielleicht später erst wieder bewerben? Er stellte es sich ganz angenehm vor, im Café zu stehen, die Frauen freundlich zu bedienen, die womöglich, wer weiß, nur darauf warteten, ihrem Leben eine überraschende Wendung zu geben.

Wenige Minuten später saß er auch schon dem Besitzer des Lokals gegenüber, einem Mann mit Dreitagebart, nur etwas jünger als er, der, was Stephan sehr sympathisch war, aus Unglück über sein Studium das Café eröffnet hatte und bester Laune schien. Gewissermaßen ein Leidensgenosse. Stephan konnte sofort anfangen, trank zum Einstand mit seinem Chef ein kleines Bier.

So also kam es, dass Stephan jetzt hinter dem Tresen steht, was er seinen Eltern verheimlicht. Ein wenig heikel wird das nächste Wochenende, da hat er Schicht und seine Mutter hat sich angekündigt, um einer arbeitsrechtlichen Angelegenheit wegen (Stephans Vater war wohl zu einer Frühpensionierung

gedrängt worden) in einer Kanzlei der Stadt vorzu-
sprechen.

Stephan dachte, die Hände im Spülbecken, gerade
an den Rechtsanwalt seiner Eltern, als er sie erblickte.
Sie, das war eine Frau, die allein an einem Tisch direkt am Fenster saß. Sie hatte kurzes schwarzes Haar,
ein Gesicht, das ihm bekannt vorkam, als sei sie eine
Schauspielerin, die er in einem uralten Film womöglich einmal gesehen hatte, die großen Augen, das Gesicht, ja, wie sollte man es beschreiben – womöglich
passte das Wort »klassisch« ganz gut, ebenmäßige
Züge jedenfalls.

War schon nicht so falsch, dass er in diesem Café
angefangen hat, dachte Stephan, das brachte ihn defi-
nitiv auf andere Gedanken. Und machte es nicht auch
einen recht lässigen Eindruck? So frei! Andere ver-
folgten ihre angepasste Karriere. Nicht Stephan Karst.
Andere rackerten sich zu Tode, bis der Herzinfarkt
sie ereilte. Nicht Stephan Karst. Alle waren spießig.
Nur er nicht. Während andere vor ihren Notebooks
einen steifen Rücken bekamen, warfen ihm Frauen
schmachtende Blicke zu. Er lächelte entrückt.

Diese Frau, ja, auf ihr konnte Stephans Auge sich
eine Weile ausruhen. Er konnte sich gar nicht daran
erinnern, bemerkt zu haben, dass sie das Café betrat.
Wie in Zeitlupe, so schien es ihm jedenfalls, blickte
sie zurück, sehr lange, als hätten sie einander schon
immer gekannt. Dass es nur einer so winzigen Veränderung der Gesichtszüge braucht, um von größter
Ernsthaftigkeit zu einem Lächeln zu gelangen, dachte
Stephan verwirrt. Sie lächelte tatsächlich. Ein altes

Wort fiel ihm ein: Anmut. Sie stand auf, es waren nur wenige Schritte, es schien ihm, ihr Gang sei ein Tanz, sie beugte sich über den Tresen, schwieg für einen Moment, sagte dann mit einer unbeschreiblich lasziven Stimme: »Rauchen darf man hier nicht?«

Nun, man durfte es ausdrücklich nicht. Stephans Chef, im Einklang mit der Gesetzgebung, hatte es strengstens verboten. Aber in diesem Fall! Stephan fand innerhalb kürzester Zeit die in der untersten Schublade entsorgten Aschenbecher, reichte ihr einen hinüber und sagte, seinerseits um Laszivität bemüht: »Nur, weil du es bist!«

Wir wollen uns nicht darüber auslassen, dass Stephan Karst dieser Akt der Nonchalance in erhebliche Schwierigkeiten brachte, nicht nur war sein Chef Timo unplanmäßig vorbeigekommen und benahm sich, da er die rauchende Frau am Fenster sah, nun ja, sagen wir: lärmend. Auch waren andere Gäste, vor allem die Mütter (in die allergrößte Alarmbereitschaft versetzt wegen ihrer Kleinkinder) unter großen Protestbekundungen bereits an den Tresen getreten.

Worauf es uns nur ankommt, ist eine kurze SMS, die unsere rauchende Frau, als sie sich mit dem Aschenbecher an ihren Platz gesetzt hatte, einer guten Freundin schrieb. Sie enthielt die grausamen Worte: »Ich rauche im Müttercafé. Wette gewonnen.«

www.klett-cotta.de

Adam Soboczynski
Traumland
Der Westen, der Osten und
ich
176 Seiten, gebunden mit Schutzum-
schlag
ISBN 978-3-608-98638-9

Mit spielerischem Scharfsinn hilft uns
Adam Soboczynski uns selbst ebenso zu verstehen
wie diesen seltsamen Osten Europas. Er erzählt
von seiner Jugend in der Bonner und dem Erwach-
sensein in der Berliner Republik, von der großen
Freiheit zwischen den Jahren 1989 und 2022, und
wie sie verloren zu gehen droht – in beiden Teilen
Europas. Im Osten wird sie von außen bedroht, im
Westen durch innere Kämpfe.